Helmut Fischer
Der Auferstehungsglaube

T0161720

TVZ

Helmut Fischer

Der Auferstehungsglaube

Herkunft, Ausdrucksformen,
Lebenswirklichkeit

T V Z
Theologischer Verlag Zürich

Bibliografische Informationen der Deutschen Nationalbibliothek
Die Deutsche Nationalbibliothek verzeichnet diese Publikation in
der Deutschen Nationalbibliografie; detaillierte bibliografische Daten
sind im Internet über http://dnb.d-nb.de abrufbar.

Umschlaggestaltung

Simone Ackermann, Zürich
unter Verwendung von »Drei Marien/Noli me tangere«/14.Jh.;
© akg-images/Lessing

Bibelzitate nach: Zürcher Bibel 2007

Druck

ROSCH-BUCH GmbH, Scheßlitz

ISBN 978-3-290-17635-8

© 2012 Theologischer Verlag Zürich
www.tvz-verlag.ch

Alle Rechte vorbehalten

Für Ursula,
meine Frau und lebenslange, kritische Gesprächspartnerin

Inhaltsverzeichnis

Hinführung 13

1 Das Weltverständnis als Hintergrund 17
1.1 Das Weltverständnis der Antike 18
    1.1.1 Antike Weltmodelle...18
    1.1.2 Alttestamentliche Weltmodelle 19
1.2 Das alttestamentliche Gottesverständnis....................................20
1.3 Auferstehungsvorstellungen...21
    1.3.1 Auferstehung im alttestamentlich jüdischen Umfeld.......21
    1.3.2 Ansätze der Auferstehungshoffnung in der
          israelitisch-jüdischen Religion 22
    1.3.3 Die politische Lage bis zum 2. Jahrhundert v. Chr. 22
1.4 Die apokalyptische Stimmung 23
    1.4.1 Krisen als Auslöser 23
    1.4.2 Die apokalyptische Weltsicht..23
    1.4.3 Das Endgericht 24
    1.4.4 Die Auferstehung der Toten..24
    1.4.5 Religionsgeschichtliche Wurzeln 25
    1.4.6 Die Gestalt eines Menschensohnes.....................................25
1.5 Die jüdische Auferstehungserwartung zur Zeit Jesu 26
1.6 Zusammenfassung..28

2   Auferstehung der Toten in neutestamentlicher Zeit 31
2.1 Der Aufenthaltsort der Toten 31
2.2 Die Auferstehung der Toten als Denkhintergrund 32
2.3 Auferstehung der Toten, Endgericht und die Rolle Jesu 33

3   Die Zeugnisse von der Auferweckung Jesu............................35
3.1 Die ältesten Formulierungen..35
    3.1.1 Das eingliedrige Bekenntnis 35
    3.1.2 Unterschiedliche Sprachformen..36

3.2 Erweiterung der eingliedrigen Formel 36
    3.2.1 Erweiterung durch »Christus« 36
    3.2.2 Erweiterung durch den Hinweis auf Jesu Tod und
        Bestattung 37
    3.2.3 Der Hinweis auf den dritten Tag der Auferweckung 37

4   Der Auferstandene wurde gesehen (gr. ōphte) 39

4.1 Die sprachliche Fassung des »Sehens« 39
4.2 Die Zeugen des »Sehens« 40
    4.2.1 Petrus 40
    4.2.2 Die Zwölf..40
    4.2.3 Die fünfhundert..40
    4.2.4 Jakobus und alle Apostel 41
    4.2.5 Die Selbstzeugnisse des Paulus 41
    4.2.6 Die Berichte zur Bekehrung des Saulus in der
        Apostelgeschichte 42

**5   Das leere Grab und die Jesus-Erscheinungen in den
   Evangelien** 45

5.1 Die Geschichte vom leeren Grab nach Mk 16, 1–8 45
5.2 Die Umgestaltungen des Markus-Textes vom leeren Grab 46
    5.2.1 Die Umformung durch Matthäus..................................47
    5.2.2 Die Umformung und Erweiterung durch Lukas 50
    5.2.3 Zwischenauswertung..54
    5.2.4 Johannes – ein anderes Evangelien-Konzept................55
    5.2.5 Die Neugestaltung der Ostergeschichten durch
        Johannes..57
    5.2.6 Joh 21 – ein Nachtrag...60

6   Auswertung der Texte des Paulus und der Evangelien 63

6.1 Historische Aspekte...63
    6.1.1 Tod und Bestattung Jesu...63
    6.1.2 Das leere Grab..64

6.1.3 Die Erscheinungen in der überlieferten Formel
von 1Kor 15,5-8 67
6.1.4 Das Selbstzeugnis des Paulus 68
6.1.5 Die Erscheinung vor den Fünfhundert...................68
6.1.6 Die Erscheinungen am leeren Grab 69
6.2 Theologische Beobachtungen 70
6.2.1 Glaube gründet nicht in Wahrheitsbeweisen 70
6.2.2 Die Auferstehung Jesu selbst ist nirgendwo Thema 71
6.2.3 Was die Begegnung mit Jesus bewirkt.....................71

7 Die zwei Weisen, von der Auferstehung Jesu zu sprechen 75

7.1 Die Auferstehung der Person als Denkmodell 75
7.2 Die christozentrische Rede von der Auferstehung Jesu............76
7.2.1 Der kausale Schluss vom Bewirkten auf einen
Bewirker..76
7.2.2 Die christozentrische Deutung in der
Apostelgeschichte 77
7.2.3 Die Ausgestaltung der christozentrischen
Interpretation im 1. Petrusbrief............................78
7.2.4 Die Auferstehung Jesu in der alten Kirche.....................79
7.3 Die wirkungsbezogene Rede von der Auferstehung Jesu 79
7.3.1 Die österlichen Erscheinungen Jesu als das
Offenbarwerden seines Geistes 80
7.3.2 Wie ist Jesus nach seinem Tod lebendig?.....................81
7.4 Andere Ausdrucksformen...82
7.5 Auswertung...82
7.5.1 Anschauungsformen sind historisch bedingt 82
7.5.2 Überzeugung kann keine Tatsachen erschaffen 83
7.5.3 Die Sprache des Glaubens muss flexibel sein.................83

8 Die Auferstehung der Toten 85

8.1 Biblische Texte und frühe Kirche..85
8.2 Umbildungen des Auferstehungsverständnisses.....................86
8.2.1 Die Apologeten leiten die Hellenisierung ein 86

8.2.2 Der Einfluss der griechischen Gottesspekulation 86

8.2.3 Der Einfluss des griechischen Menschenverständnisses...88

8.2.4 Das gegenwärtige Auferstehungsverständnis 89

8.2.5 Das lautlose Ende der spekulativen Traditionslinie 90

8.3 Erkenntnisse der historischen Wissenschaften........................91

    8.3.1 Die Unterscheidung von Gehalt und Ausdrucksform
des Glaubens 91

    8.3.2 Der Glaube an die unsterbliche Seele hat sich
aufgelöst..93

9   Erwägungen zu einem heute angemessenen Reden von
Auferstehung 95

9.1 Die Ausgangslage 95

    9.1.1 Zum gegenwärtigen Weltbewusstsein 95

    9.1.2 Die Aufgabe 96

9.2 Die Suche nach einer heute verständlichen Ausdrucksform.....97

    9.2.1 Ausdrucksformen kommen und gehen 97

    9.2.2 Die zwei Ebenen der Ostertexte 97

    9.2.3 Die neue Schöpfung bei Paulus 98

    9.2.4 Das Ewige im Jetzt bei Johannes 98

9.3 Impulse für das Auferstehungsverständnis auf der
Bewusstseinshöhe der Zeit..101

    9.3.1 Konsequenzen aus der Durchsicht der
Auferstehungtexte 101

    9.3.2 Schritte hin zu einer zeitgemäßen Sprache.................102

    9.3.3 Auferstehen als unsere Lebenswirklichkeit.................104

9.4 Aufgaben und Aussichten für eine neue Sprache.................105

    9.4.1 Woher kann ein neuer Glaube kommen? 105

    9.4.2 Wie kann man heute von Auferstehung reden? 106

    9.4.3 Eine Drohung erweist sich als Einladung 108

10 Die Höllenfahrt Jesu..111

10.1 Frühe Hinweise 111

    10.1.1 Das Alte Testament 111

10.1.2 Das Neue Testament 111

10.1.3 Die Ostkirche 112

10.1.4 Die Westkirche 113

10.2. Die Darstellung der Höllenfahrt Christi 116

10.2.1 Die Entwicklung in der Ostkirche 116

10.2.2 Die Entwicklung in der Westkirche 118

10.2.3 Auswertung 118

10.3 Die Botschaft der Höllenfahrt Jesu 119

10.3.1 Mehr als eine Belehrung über Jesus? 119

10.3.2 Hölle und Tod als Metaphern 119

10.3.3 Der Abstieg in die Hölle als Metapher 120

10.3.4 Befreiung und Freiwerden als Metaphern 122

Synoptische Darstellung der angeführten Bibelstellen 124

Zitierte Literatur 139

Hinführung

Wo immer vom christlichen Glauben die Rede ist, da wird von allen Seiten darauf hingewiesen, dass die Auferstehung Jesu und die Auferstehung der Toten der Kern der christlichen Botschaft sei. In kirchlichen Kreisen war das Erstaunen groß, als sich 1967 in einer Emnid-Umfrage herausstellte, dass nur 30 Prozent der Protestanten mit der kirchlichen Lehre übereinstimmten, wonach Jesu drei Tage nach seinem Tod mit seinen Jüngern gegessen, getrunken und gesprochen habe und dann leiblich zu Gott zurückgekehrt sei. 40 Prozent nehmen nach dieser Umfrage die Auferstehungstexte nicht wörtlich und für 29 Prozent ist ein Weiterleben Jesu nicht vorstellbar (Harenberg 88). In einer VELK-Umfrage von 1972 erklärten 44 Prozent der Protestanten, die Kirche rede nicht in der Sprache unserer Zeit (Schmidtchen 186). Nach einer Befragung in ausgewählten west- und ostdeutschen Gebieten von 1992 bekannten sich gerade noch 11 Prozent der Befragten zu einer »Auferstehung der Toten durch Gott«. Einen Glauben an die Unsterblichkeit der Seele, der keinerlei Gottesglauben voraussetzt, bekundeten 19 Prozent (Jörns 185f).

Jener überwältigenden Mehrheit der Zeitgenossen, die sich zwar nicht von den traditionellen kirchlichen Auferstehungsvorstellungen, wohl aber vom christlichen Glauben verabschiedet haben, wird wie eine Drohung das Pauluswort entgegengehalten: »Ist aber Christus nicht auferweckt worden, dann ist euer Glauben nichtig« (1Kor 15,17). Drohungen taugen freilich nicht als Argumente, und sie können diese auch nicht ersetzen.

Für philosophisch Gebildete, die Auferstehungsvorstellungen gegenüber skeptisch sind, wird neuerdings sogar der Philosoph Jürgen Habermas als Kronzeuge einer unverzichtbaren Auferstehungshoffnung aufgerufen, und zwar mit einem

Satz aus seiner 2001 gehaltenen Rede anlässlich der Verleihung des Friedenspreises des Deutschen Buchhandels: »Die verlorene Hoffnung auf Resurrektion hinterlässt eine spürbare Leere« (Habermas 24f). Habermas hat aus der festgestellten Leere freilich nirgendwo abgeleitet, dass die traditionelle Auferstehungshoffnung als psychisch oder sozial notwendig wieder gefordert und proklamiert werden müsste. Der Philosoph bezeichnet sich selbst als »religiös unmusikalisch«. Er hat aber erkannt, dass unter dem traditionellen Stichwort »Auferstehung« ein Sinnbereich unseres Menschseins zur Sprache kommt, den auch der säkulare Zeitgenosse nicht ausblenden sollte.

Alle kirchlichen Auferstehungsaussagen oder -lehren berufen sich auf die biblischen Texte zu diesem Thema. Deshalb liegt es nahe, sich diese Urkunden des christlichen Auferstehungsglaubens genauer anzusehen. Das darf freilich nicht nach den Maßstäben der in Jahrhunderten entwickelten konfessionellen Auferstehungsmodelle erfolgen, weil das lediglich in jenen »allerliebsten Zirkelschluss« (Mauthner) hineinführt, der das Geltende mit seinen eigenen Vorgaben bestätigt. Wir haben heute die Möglichkeit, die biblischen Texte mit interkonfessionell anerkannten historisch-kritischen Methoden in ihrem Sinn so zu erschließen, dass wir die traditionellen Deutungen daran messen können. Das soll hier in einer Sprache und in Denkschritten geschehen, die auch für Nichtfachleute nachvollziehbar sind. Die Lektüre setzt beim Leser keinerlei Frömmigkeit und keinerlei Glauben für oder gegen etwas voraus, sondern nur die Bereitschaft zum Mitdenken.

Damit die einzelnen Kapitel auch in sich verständlich bleiben, wurden notwendige Wiederholungen in Kauf genommen. Hervorhebungen innerhalb der Zitate wurden vom Verfasser eingetragen.

Frau Bärbel Behrens danke ich für die Schreibarbeiten, die sie trotz großer gesundheitlicher Probleme auch für dieses

Buch übernommen hat. Gleicher Dank gilt Frau Dietlind Wienen für das hilfreiche Korrekturlesen meiner letzten Bücher.

1 Das Weltverständnis als Hintergrund

Der Gedanke der Auferstehung wurde in der antiken Welt formuliert, von der uns ein »garstiger Graben« (Lessing) von 3000 bis 2000 Jahren trennt. Was immer Menschen sprachlich zum Ausdruck bringen, das tun sie in den Denkformen, Bildern und Metaphern ihrer jeweiligen Sprache, Kultur und Zeit. Was mit einer Aussage gemeint ist, ist nur innerhalb jenes sprachlich-geistigen Gesamtgefüges zu erkennen, aus dem sie hervorgegangen ist.

Die neutestamentlichen Texte sind in der Alten Welt in einer Phase des religiösen Umbruchs und des Austausches entstanden, in der unterschiedliche philosophische und religiöse Sinnangebote, Weltdeutungen und Kulte miteinander konkurrierten und sich untereinander in immer neuen Kombinationen vermischten. Die Verfasser der biblischen Schriften waren in ihren religiösen Vorstellungen durch die eigene kulturelle Herkunft oder Biografie geprägt und sie schrieben für Menschen, denen sie in deren religiösen Denkweisen die Botschaft Jesu verständlich zu machen suchten. Das erklärt nicht nur die Vielzahl der unterschiedlichen theologischen Konzepte; es veranschaulicht auch, dass es für das Verständnis einzelner Aussagen unerlässlich ist, den kulturell-religiösen Hintergrund sowohl des Verfassers wie auch seiner Adressaten zu beachten. Dazu kommt noch die jeweilige politische und gesellschaftliche Situation, aus der und in die hinein die Texte geschrieben wurden.

Was die Aussagen zur Auferstehung Jesu und der Toten betrifft, so wird der jeweilige Hintergrund in dem Maße zu berücksichtigen sein, wie es für deren angemessenes Verständnis erforderlich ist. Die für unseren Zusammenhang notwendigen Vorgaben des geistig-kulturellen Hintergrunds sollen im Kapitel 1 zur Sprache kommen und können dann bei den einzelnen Texten differenziert und vertieft werden.

1.1 Das Weltverständnis der Antike

Da die Begriffe »Weltbild« und »Weltanschauung« ideologisch belastet und strittig sind, wähle ich den Begriff »Weltverständnis« und meine damit die Art und Weise, in der sich eine Kultur oder Religion die erfahrbare Welt vorstellt und diese deutet. In der Antike wurden die jeweiligen religiösen Weltverständnisse als »die Wirklichkeit« hingenommen. Die Fähigkeit, ein Weltverständnis als das Konstrukt des Denkens zu erkennen und zu reflektieren, hat die europäische Geisteskultur erst im 20. Jahrhundert hervorgebracht. Das muss hier nicht näher entfaltet werden (vgl. Blumenberg, Dux, Gantke). Wir müssen aber zur Kenntnis nehmen, dass die Menschen der alten Kulturen anders gedacht und Realität anders verstanden haben, als wir das heute tun. Die Vorstellungen und die logischen Verknüpfungen in den alten Kulturen müssen in dem Sinn verstanden werden, den sie in ihrer Welt zum Ausdruck bringen wollten.

1.1.1 Antike Weltmodelle

Die Religion Israels ist eng mit den Religionen und der Kulturgeschichte Vorderasiens, besonders Mesopotamiens, verbunden. In den alten Mythen (Göttergeschichten) dieses Raumes teilten sich Götter und Menschen noch denselben Lebensraum, nämlich die mit unseren Sinnen erfahrbare Welt, die an den Rändern von den Meeren und oben vom »Himmelsgewölbe« begrenzt war. Die klassischen Götter der Griechen wohnten auf dem Olymp, d. h. 2985 Meter über dem Meer, aber innerhalb unserer irdischen Lebenswelt. Daneben oder im Laufe der Entwicklung gab es auch Götter, die jenseits der menschlichen Lebenswelt wohnten und von dort aus wirkten, so z. B. der babylonische Sonnengott Schamasch, der griechische Helios und die Gottheiten der Unterwelt, wie der babylonische Nergal oder der griechische Hades. Je nach Entwicklungsstufe erschien das Weltmodell als einstöckig, zweistöckig oder dreistöckig.

1.1.2 Alttestamentliche Weltmodelle

Das Alte Testament ist eine Sammlung von Schriften aus einem Zeitraum von etwa eintausend Jahren. Die älteste Schicht, die man wegen des darin enthaltenen Gottesnamens »Jahwe«, die »jahwistische Schicht« nennt, kann man textlich im 9. Jahrhundert v. Chr. verankert sehen. Einzelne Texte darin sind noch um Jahrhunderte älter und weisen in die Zeit der vorstaatlichen Stämmegeschichte. Der jüngste Text, das Buch Daniel, wurde innerhalb der Regierungszeit des Seleukidenkönigs Antiochus IV. Epiphanes (17–164 v. Chr.) verfasst. In dieser tausendjährigen Geschichte haben sich das Weltmodell Israels und auch die Gottesvorstellung beachtlich verändert.

In der Schöpfungsgeschichte der älteren jahwistischen Schicht (Gen 2,4b–3ff) ist nur die bäuerliche Lebenswelt im Blick: der Garten des Menschen mit seinen Bäumen und Sträuchern und dem Ackerboden, die Tiere (ohne die Fische) und die Lebensgefährtin des Mannes. Gott wandelt wie die Menschen in diesem Garten. Von den Gestirnen ist hier nicht die Rede. Dieses Einstock-Weltmodell hat Israel bald erweitert.

Nach der jüngeren Schöpfungsgeschichte (Gen 1), die religionsgeschichtlich in die Mitte des 1. Jahrtausends vor Christus weist, wird als erste räumliche Schöpfung ein Himmelsgewölbe errichtet, das die Wasser über dem Gewölbe von den Wassern der menschlichen Lebenswelt trennt. So entsteht ein Zweistock-Weltmodell. Die Erde wird als Scheibe vorgestellt, die auf Säulen ruht und vom Meer umgeben ist. Von einer Unterwelt ist hier nicht die Rede.

Wie in Babylonien so entwickelte sich auch in Israel schließlich ein Dreistock-Weltmodell. Unter dem Urmeer sah man das Totenreich, (hebr.: die *scheōl*). Dieses Totenreich, das die Griechen als Hades kannten, besetzte man in den unterschiedlichen Religionen mit je eigenen Vorstellungen. Für die Scheōl im israelitischen Weltmodell war der Gedanke zentral, dass die hier in Finsternis und Gottesferne existierenden Toten vom Kult und vom Geschichtshandeln Gottes ausgeschlossen waren. Die Toten können Gott nicht mehr preisen. Sie sind von ihm getrennt. Das dreistöckige Weltmodell wird im Alten Testament nirgendwo explizit dargestellt, es ist nur aus jenen unterschiedlichen Äußerungen zu rekonstruieren, die sich auf den Himmel, auf die irdische Lebenswelt und auf die Scheōl beziehen.

1.2 Das alttestamentliche Gottesverständnis

Von der Vorstellung, dass Mose den Monotheismus gestiftet und den Stämmen Israels gebracht habe, mussten wir uns schon vor Generationen verabschieden. Den gegenwärtigen Stand der Forschung fasst der Alttestamentler O. Keel in dem Satz zusammen: »Der historische Mose, soweit er überhaupt fassbar ist, war Polytheist« (Keel 11). In der Geschichte von der Gottesbegegnung im brennenden Dornbusch fragt Mose nach dem Namen Gottes. Diese Frage hat nur im polytheistischen Denken einen Sinn, in dem ein Name der Unterscheidung von anderen Göttern dient. Jahwe galt zwar als der einzige Gott Israels und auch als Israels Staatsgott. Er war aber bis in die Zeit der großen Propheten nur *ein* Gott unter vielen anderen Göttern und eben noch nicht der *einzige* Gott und Herr aller Völker. Das erste Gebot (Ex 20,2f): »Ich bin der Herr, dein Gott ... du sollst keine anderen Götter haben neben mir«, bestätigt noch deutlich die Existenz der anderen Götter als Gefahr für Israels Jahweglauben. In den ersten Jahrhunderten seiner Existenz war Israels Glaube noch kein Monotheismus, sondern lediglich ein »Mono-Jahwismus« (Holsten 1107), der freilich zunehmend exklusive und unduldsame Züge annahm, die bereits in die Richtung eines alle anderen Götter ausschließenden Monotheismus wiesen.

Mit dem Ausbau des Weltmodells vom einstöckigen zum dreistöckigen ist auch der Machtbereich Gottes gewachsen. In einem zweistöckigen Weltmodell hatte Gott mit dem Bereich des Todes und der Unterwelt nichts zu tun, weil er als ein Gott der Lebenden und nicht der Toten galt. Im Psalm 88,5f klagt der Beter: »Ich zähle zu denen, die zur Grube hinabsteigen ... ausgestoßen unter die Toten, derer du nicht mehr gedenkst«. Danach ist die Scheōl ein Bereich, in dem Gott nicht gegenwärtig ist.

Erst in einem voll entwickelten Drei-Stockwerke-Kosmos, der als von Gott geschaffen gedacht wird, reicht Gottes Macht auch in den Bereich der Unterwelt. Mit diesem räumlichen Modell wird zum Ausdruck gebracht, dass Gottes Präsenz von oben nach unten abnimmt. Erst »in der Spätzeit bricht sich die Hoffnung Bahn, dass JHWH (Jahwe) auch der Herr der Unterwelt ist« (Oeming 578). Das kommt in einem persönlichen Psalm so zur Sprache: »Stiege ich hinauf zum Himmel, du bist dort, und schlüge ich mein Lager auf im Totenreich, sieh, du bist da« (Ps 139,8).

1.3 Auferstehungsvorstellungen

1.3.1 Auferstehung im alttestamentlich jüdischen Umfeld

Im sumerisch- babylonischen, phönizischen, syrischen und phrygischen Kulturraum wurden auferstehende Götter verehrt: Tammuz, Adonis, Attis. Diese Vegetationsgottheiten repräsentierten das Absterben und Wiedererstehen der Natur. Daraus wurden zunächst noch keine Schlüsse für das Wiedererstehen verstorbener Menschen hergeleitet. In der von Zoroaster (Zarathustra) um 600 v. Chr. gestifteten Religion des Parsismus begegnet uns erstmalig ein eindeutiger Glaube an eine allgemeine Auferstehung der Toten zum Weltgericht. Die in der Zeit des Hellenismus (seit 300 v. Chr.) sich entwickelnden Mysterienkulte versprachen den Menschen eine Teilhabe am Auferstehen der Kultgottheit.

1.3.2 Ansätze der Auferstehungshoffnung in der israelitisch-jüdischen Religion

Für die Zeit vor dem Exil gibt es keine Aussagen zu einem Glauben an die persönliche Auferstehung der Toten. Das im Exil entstandene Buch Ezechiel (zwischen 593–573 v. Chr.) enthält die Vision von der Wiederbelebung der Totengebeine. Diese Vision (Ez 37,12) ist ein tröstendes Bild für das Wiedererstehen des Volkes auf dem Boden Israels. »Seht, ich öffne eure Gräber, und ich lasse euch, *mein Volk,* aus euren Gräbern steigen und bringe euch auf Israels Boden.«

1.3.3 Die politische Lage bis zum 2. Jahrhundert v. Chr.

Der Perserkönig Kyros II. hatte 539 v. Chr. das fünfzigjährige Exil der Juden beendet. Die Deportierten konnten zwar in ihr heiliges Land zurückkehren, aber dieses Land blieb fortan unter fremder Herrschaft. Zunächst war es mehr als zweihundert Jahre persische Provinz, die der jeweilige jüdische Hohepriester nur verwaltete. 334 v. Chr. übernahm Alexander der Große die Vorherrschaft, 301 v. Chr. fiel das Land für zweihundert Jahre an die ägyptischen Ptolemäer und 198 v. Chr. an die syrischen Seleukiden. In dieser Zeit der Fremdherrschaft und Unterdrückung wurde die Frage immer drängender, wann denn Gott endlich seine Verheißung eines neuen Lebens für sein Volk einlösen werde.

Unter dem Seleukidenkönig Antiochus IV. (175–164 v. Chr.) spitzte sich die Lage dramatisch zu. Antiochus hatte bereits 169 v. Chr. den Jerusalemer Tempelschatz geplündert, um seine Kriegskasse aufzufüllen. Er wollte das Eigenleben der jüdischen Gemeinde zerstören, um eine völlige Hellenisierung Jerusalems und Judäas zu erreichen. So ließ er an der Stelle des jüdischen Brandopferaltars 167 v. Chr. einen heidnischen Altar errichten und dort dem olympischen Gott Zeus Opfer darbringen, was die Juden als Greuel und als Entweihung ihrer heiligsten Stätte empfanden. Unter Androhung des Todes wurden die Juden sogar gezwungen, an einem »Ferkelmahl« des Dionysos-Kultes teilzunehmen. In einem Aufstand, den der Makkabäer (Hammerartige) Judas anführte, konnte nach gewonnenen Kämpfen den Syrern schließlich ein langfristiger Vertrag abgetrotzt werden, der den Juden gestattete, ihre Religion ungehindert auszuüben.

1.4 Die apokalyptische Stimmung

1.4.1 Krisen als Auslöser
Krisenzeiten bilden einen fruchtbaren Nährboden für fantastische Zukunftsvisionen. Die mit dem 2. Jahrhundert v. Chr. beginnende Herrschaft der Seleukiden und deren Versuche der Zwangshellenisierung wurden von den Juden als akute Krise ihrer Identität erlebt. Als Reaktion auf diese Bedrohung der völkisch-religiösen Existenz bildete sich im Judentum die geistige Bewegung der Apokalyptik. Das griechische Wort *apokálypsis* bezeichnet eine Art Vision oder Sicht, mit der etwas Verborgenes aufgedeckt oder etwas Gegebenes in seinem wahren Charakter erschlossen wird.

1.4.2 Die apokalyptische Weltsicht
Die jüdische Apokalyptik, die ihren schriftlichen Niederschlag u. a. im Buch Daniel, in den Henoch-Büchern, in den Baruch-Schriften, in den Büchern Esra und in der Elija-Apokalypse gefunden hat, erwartet für ihre unmittelbare Zukunft eine entscheidende Weltenwende. Damit ist nicht nur eine

Wendung hin zu besseren politischen und sozialen Verhältnissen gemeint. Der Apokalyptiker erkennt die Welt als vom Bösen durchsetzt. Der Ursprung alles Bösen liegt für ihn in der Ungehorsamstat Adams gegenüber Gott. Durch diesen Sündenfall konnte der Satan mit seinen Helfern Macht über diese Welt gewinnen und die Menschen von Gott weg in die Finsternis und in die Irre führen. Der Apokalyptiker deckt nun auf, dass Gott diesen in heillosem Verderben verlorenen Äon in einer kosmischen Katastrophe zu Ende bringen und einen neuen Äon, eine neue Welt, heraufführen wird. In den Bedrängnissen der Seleukiden-Herrschaft erkannten die Apokalyptiker bereits die Vorzeichen der Endzeit und die Wende hin zum neuen Äon. In diesem neuen Äon wird es Sünde und Böses nicht mehr geben. Die Welt wird wieder in den paradiesischen Urzustand ihres Anfangs zurückverwandelt werden. Das muss hier nicht näher ausgeführt werden.

1.4.3 Das Endgericht

Für unser Thema ist die Frage wichtig, was in dieser neuen Weltzeit mit den Verstorbenen geschieht und mit denen, die im alten Äon vom Glauben abgefallen sind oder mit den Feinden des Glaubens gemeinsame Sache gemacht haben. Man war gewiss, dass sie dafür von Gott zur Rechenschaft gezogen würden, und damit kommt der tröstliche Gedanke einer ausgleichenden Gerechtigkeit in einem göttlichen Endgericht in den Blick. Jeder wird darin nach seinen irdischen Werken beurteilt werden. Für die einen wird das Endgericht der Weg zu paradiesischer Freude und Glückseligkeit sein. Die anderen wird das Endgericht in ewige Pein und Verdammnis führen.

1.4.4 Die Auferstehung der Toten

Im Zusammenhang mit dem Endgericht und dem Anbruch der neuen Welt taucht mit einer gewissen Notwendigkeit der

Gedanke einer Auferstehung der Toten auf. Zunächst dachte man wohl nur daran, dass die Gerechten Israels auferstehen würden, um in die Seligkeit der neuen Welt einzugehen. Diese Erwartung erweiterte man später zu einer allgemeinen und universalen Auferstehung der Toten. Das wird im Daniel-Buch so formuliert: »Viele von denen, die im Erdenstaub schlafen, werden erwachen, die einen zum ewigen Leben und die anderen zu Schmach, zu ewigem Abscheu« (Dan 12,2). An der Wende zum neuen Äon werden also auch die bereits vorher Verstorbenen teilhaben.

1.4.5 Religionsgeschichtliche Wurzeln

Die Idee von vier aufeinanderfolgenden Weltreichen begegnet uns bereits in der iranischen Religion Zoroasters. Dort ist schon für das 4. Jahrhundert v. Chr. der Gedanke belegt, dass die Toten auferstehen werden. Da der im apokalyptischen Denken angelegte Dualismus von Gott und dem Bösen auch zur Grundstruktur der zoroastrischen Religion gehört und Israel zwei Jahrhunderte unter persischer Herrschaft gelebt hatte, darf man sowohl den Gedanken der zwei gegensätzlichen Äonen wie auch den Auferstehungsgedanken zum Endgericht als persisches Erbe oder als persische Anregung verstehen, die das Judentum in sein Weltverständnis umgebildet und integriert hat.

1.4.6 Die Gestalt eines Menschensohnes

Im Zusammenhang mit den apokalyptischen Ereignissen ist ebenfalls von einem himmlischen Menschensohn die Rede. In der Vision des Daniel heißt es: »Mit den Wolken des Himmels kam einer, der einem Menschen glich ... Und ihm wurde die Macht gegeben und Ehre und Königsherrschaft. ... Und seine Königsherrschaft wird nicht untergehen« (Dan 7,13f). Den Texten ist nicht zu entnehmen, ob es sich dabei um eine Einzelperson mit Heilsmittlerfunktionen handelt oder ob dieser Menschensohn das »Gottesvolk der Heilszeit« abbildet, das nicht wie alle anderen Völker vergehen wird (Lohse 41). Jedenfalls sollte eine Rettergestalt sowohl im Judentum wie auch später im Christentum eine große Rolle spielen.

1.5 Die jüdische Auferstehungserwartung zur Zeit Jesu

Die von den syrischen Seleukiden betriebene gewaltsame Hellenisierung der von ihnen beherrschten Völker führte zu dem Freiheitsaufstand des Judas Makkabäus von 166 bis 164 v.Chr., in welchem sich die Juden das Recht zur freien Ausübung ihrer Religion erkämpften. In der Zeit des Makkabäer-Aufstandes formierte sich im Judentum eine Gruppe Frommer, die keine politischen Ziele im Auge hatte, sich aber freiwillig dazu verpflichtete, das jüdische Gesetz vollständig zu halten. Sie mied den Kontakt mit denen, die sich um das Gesetz nur wenig kümmerten. Man nannte sie die Abgesonderten, hebr. *peruschîm,* die sprachliche Grundlage für unser Wort »Pharisäer«.

Die *Pharisäer* schlossen sich zu festen Gemeinschaften zusammen. Sie verpflichteten sich, im Alltag alle kultischen Reinheitsgebote einzuhalten und von allem, was sie ernteten und erwarben, den Zehnten zu entrichten und darüber hinaus weitere fromme Leistungen zu erbringen wie das Fasten am Montag und Donnerstag. Sie übernahmen zudem den in ihrer Krisenzeit entstandenen Gedanken einer gerechten Vergeltung für unsere irdischen Taten und damit die Erwartung, dass die Toten für das göttliche Endgericht auferstehen werden.

Pharisäische Gemeinschaften gab es in Juda und Galiläa, in den Städten wie auf dem Land. Sie bestanden aus Handwerkern, Kaufleuten und Bauern, da und dort gesellten sich Priester zu ihnen. Obwohl die Pharisäer ihrer Zahl nach in der Gesamtbevölkerung nur wenige waren, hatten sie auf das Leben und auf die Frömmigkeit des Volkes großen Einfluss.

Als Laiengemeinschaften waren die Pharisäer stets ihren Zeitgenossen nah und bildeten auch deren religiöses Gewissen.

Im Makkabäer-Aufstand hatten die Juden das Recht zur freien Religionsausübung erkämpft und 164 v. Chr. den Tempelkult wieder hergestellt. Unter der Regierung des Königs Herodes (37–4 v. Chr.) wurde ab 20 v. Chr. der Tempel sogar vollständig erneuert und die Fläche des Tempelbezirks verdoppelt. Der kultische und sichtbare Mittelpunkt des Judentums war der Tempelkult in Jerusalem.

An der Spitze der Judenschaft stand der *Hohepriester*. Der jüdische Gelehrte Philo von Alexandrien (25 v. Chr.–50 n. Chr.) charakterisiert ihn als »eine Art Mittelwesen zwischen Gott und Mensch«. Die *Oberpriester* des Tempels entstammten den aristokratischen Familien Jerusalems. Sie wohnten in Jerusalem, befehligten die Tempelpolizei und hielten engen Kontakt zu den jeweils politisch Verantwortlichen. Ihre Frömmigkeit war zwar durch das Gesetz definiert, aber doch weltoffen. Die große Zahl der *Priester* lebte außerhalb Jerusalems in den Ortschaften und kam nur während einzelner Wochen des Jahres in die Hauptstadt, um dort den Tempeldienst zu verrichten. Priester mussten eine priesterliche Abstammung nachweisen können. Einige Priester schlossen sich auch der pharisäischen Gemeinschaft ihres Ortes an.

In jenen Jahrzehnten, in denen sich die Juden von der Hellenisierung bedroht sahen, bildete sich über dem Studium der Heiligen Schriften der Stand der *Schriftgelehrten* heraus. Die Auseinandersetzung mit den Einflüssen der griechischen Geistesströmungen nötigte dazu, das geistige Rüstzeug der Gegner zu kennen, um ihnen in der Argumentation auf gleicher Augenhöhe begegnen zu können. Die jüdischen Schriftgelehrten kannten nicht nur die Gesetze und Überlieferungen des Judentums, sie waren auch in Fragen der Schriftauslegung auf der geistigen Höhe ihrer Zeit. Schriftgelehrter war man nicht durch Herkunft und Geburt wie Priester, sondern durch

Studium, Wissen und Können. Der voll ausgebildete Gelehrte wurde mit dem Ehrennamen »Rabbi« angesprochen. Er lebte von eigener Hände Arbeit, wie das ebenfalls Saulus/Paulus als Zeltmacher tat. Die Schriftgelehrten kamen aus allen Schichten der Bevölkerung; sie übten in den verschiedenen jüdischen Gruppierungen großen Einfluss aus.

Eine zahlenmäßig kleine, aber einflussreiche Gruppe waren die *Sadduzäer*. Die Angehörigen dieser Gruppe, die ihren Namen und ihre Herkunft auf Zadoq zurückführte, den König Salomon zum Hohepriester eingesetzt hatte, entstammten weitgehend der Führungsschicht und der Jerusalemer Tempelaristokratie. Sie orientierte sich am geschriebenen Gesetz und sie lehnten jene Neuerungen der mündlichen Überlieferungen ab, die das geschriebene Gesetz nicht enthielt. So widersprachen sie auch heftig dem Glauben an eine Auferstehung der Toten, die in der Zeit Jesu längst zum Kernbestand der pharisäischen Frömmigkeit und der Volksfrömmigkeit gehörte.

1.6 Zusammenfassung

Israels Gott Jahwe war als Schöpfer der Gott, der das Leben gibt, erhält, aber auch wieder zurücknimmt. Er war zwar der Herr über Leben und Sterben, also über den Tod, er war damit aber nicht zugleich der Herr über die Toten und das Reich des Todes (*scheól*), in dem die Verstorbenen ein freudloses Schattendasein führten und abgeschnitten von jeder Beziehung zu Gott existierten.

Jahwe war ein Gott des Lebens und der Lebenden. Alles Tote bedeutete hingegen den äußersten Grad von Unreinheit. »Der Tote stand schlechterdings außerhalb des Kultbereichs Jahwes ... die Toten waren von Jahwe und der Lebensgemeinschaft mit ihm geschieden, weil sie jenseits des Jahwekultes standen.« (v. Rad I, 276)

Eine allgemeine Hoffnung auf Auferstehung und ein jenseitiges Leben gab es im alten Israel nicht. Von der Vorstellung, sich mit den geliebten Menschen im Schattendasein des Todes wieder zu vereinigen, ging kein Trost aus. Trost war allein die Überzeugung, dass die Lebensgemeinschaft mit Jahwe unzerstörbar war. Im Hintergrund dieser Überzeugung stand die alte Vorstellung, dass Jahwe die Möglichkeit hatte, einen Menschen »zu entrücken«, wie er es auch mit Henoch (Gen 5,24) und mit Elija (2Kön 2,1ff) getan hatte. Damit ist nur gesagt, dass Jahwe noch andere Lebensräume zu haben schien, in die er Menschen rufen konnte.

Der Gedanke einer allgemeinen Auferstehung der Toten kam im Laufe des 2. Jahrhunderts v. Chr. in den Blick des Judentums. In jener Zeit der gewaltsamen Hellenesierungsversuche durch die Seleukidenkönige machten die Juden die Erfahrung, dass Abtrünnige und Glaubensleugner in ihrer Mitte zu Reichtum und Macht kamen, während fromme Juden wegen ihres Glaubens Martyrien zu erleiden hatten. Die Frage nach der Gerechtigkeit Gottes drängte sich auf. Sie wurde im Zwei-Äonen-Modell des apokalyptischen Denkens beantwortet, und zwar im Sinne eines gerechten Ausgleichs, der im kommenden Äon vor einem göttlichen Endgericht stattfinden wird. Für dieses Endgericht würden alle Toten aus ihren Gräbern erstehen, sei es zum ewigen Leben oder zu ewiger Schmach und Abscheu (Dan 12,1–3).

Die Ausbildung des Auferstehungsglaubens »bedeutete eine Revision des Gottesbildes Alt-Israels, wonach sich Gottes Herrschaft und Reich auf das irdische Leben beschränkte« (Zeilinger 53). Wurde unter den notvollen Erfahrungen des Exils der israelische Volksgott Jahwe als der einzige Gott und Herr aller Völker erkannt, so weitete sich in der Zeit der religiösen Unterdrückung im 2. Jahrhundert v. Chr. der Herrschaftsbereich dieses einen Gottes über die irdische Welt hinaus auch auf den Bereich der Toten und auf eine jenseitige und ewige Lebenswelt aus.

2 Auferstehung der Toten in neutestamentlicher Zeit

2.1 Der Aufenthaltsort der Toten

Im Modell des Drei-Etagen-Weltmodells wird die Unterwelt als *ábyssos* (gr.) bezeichnet. In dieser Unterwelt befinden sich das Totenreich und die Strafhölle. Das Totenreich (hebr. *scheōl*, gr. *hades)* ist der Ort, in den jeder Verstorbene nach seinem Tod hingelangt. Das Grab steht sprachlich bereits für das Totenreich. Hauptkennzeichen des Totenreichs ist die Finsternis. Nach Lk 16,19–31 enthält das Totenreich mehrere Abteilungen, in denen sich die Verstorbenen entsprechend ihrer irdischen Herkunft und Lebensweise aufhalten.

Im apokalyptischen Zwei-Äonen-Modell mit dem Endgericht für alle, das die Anhänger Jesu von den Juden übernommen hatten, galt das Totenreich als der Aufenthaltsort zwischen Tod und Auferstehung zum Endgericht. Dieses Reich der Toten wird aber nicht als ein Ort der Höllenqualen verstanden. Die Vorstellung einer Art Feuerhölle entstammt einer anderen Tradition, die ebenfalls aus der jüdischen Apokalyptik hervorgegangen ist. Danach wird Gott »dereinst die befleckte Welt reinigen, indem er die Frevler ins – läuternde – Feuer wirft« (Böcher 575). Für diesen Ort, an dem die Gottlosen nach dem Endgericht eine ewige Feuerstrafe zu erleiden haben, steht die griechische Bezeichnung *géenna*/Hölle. Sie wird in der Unterwelt lokalisiert; aber die Qualen dieser Hölle werden im Neuen Testament nicht ausgemalt. Wie selbstverständlich man in neutestamentlicher Zeit mit der Feuerhölle rechnete, zeigt der Text in der Bergpredigt über die Versöhnung, wo es heißt: »Wer zu seinem Bruder sagt: Du Narr, der sei der Feuerhölle übergeben« (Mt 5,22).

2.2 Die Auferstehung der Toten als Denkhintergrund

In der Verkündigung Jesu spielt die Auferstehung der Toten keine eigenständige Rolle. Die Erwartung, dass Tote auferstehen, wird weder speziell thematisiert noch problematisiert, sondern als für das Endgericht erforderlich vorausgesetzt. Unter dieser Voraussetzung wird z. B. gesagt: »Und wenn dich deine Hand zu Fall bringt, dann hau sie ab. Es ist besser für dich, verstümmelt ins Leben einzugehen, als mit beiden Händen zur Hölle zu fahren, ins unauslöschliche Feuer« (Mk 9,43). Wie selbstverständlich die Auferstehung der Toten für Jesus war, zeigt sein Streitgespräch mit den Sadduzäern in Mk 12,18–27. Die Sadduzäer als Vertreter der Jerusalemer Priesterschaft erkannten nur die fünf Gesetzbücher (den Pentateuch) als verbindlich an, nicht aber die Bücher der Propheten. Da es in den fünf Büchern Mose keine Hinweise auf eine Auferstehung der Toten gibt, lehnten sie diesen Gedanken ab. Sie hielten an der altisraelitischen Vorstellung fest, dass Gott der Toten nicht mehr gedenkt. Die Sadduzäer wollen mit einer überspitzten Fangfrage die Vorstellung von einer Auferstehung der Toten als absurd erweisen. Sie fragen Jesus, wessen Ehefrau bei der Auferstehung jene Frau sein würde, die in ihrem irdischen Leben sieben Männer hatte. Jesus weist die Vorstellung der Sadduzäer zurück, die die Auferstehung der Toten für eine Fortführung des irdischen Lebens in einem Jenseits zu halten scheinen und entgegnet: »Wenn sie nämlich von den Toten auferstehen (was für ihn außer Zweifel steht), heiraten sie nicht, noch werden sie verheiratet, sondern sie sind wie Engel im Himmel« (Mk 12,25). Er sagt damit, dass die Auferweckung der Toten nicht mit derart naiven Vorstellungen und Fragefallen angezweifelt werden kann. Auferstehung hat nichts mit jenen Utopien zu tun, die Menschen aus der Anschauung irdischer Verhältnisse für ein ewiges himmlisches Dasein erträumen und herleiten. Zustandsbeschreibungen über die Art und Weise eines himmlischen Seins liefern die neutestamentlichen Schriften nirgendwo. Der Hinweis auf ein engelgleiches Sein ist das Äußerste. Damit ist eine Seinsweise in engster Verbindung zu Gott gemeint. Mehr wird nicht mitgeteilt. So konnten später an dieser offenen Stelle unterschiedliche Vorstellungen eingetragen werden, die für unser Thema aber ohne Bedeutung sind.

In der Volksfrömmigkeit der biblischen Zeit war der Glaube an eine Auferstehung der Toten bei Juden wie bei Jesus und seinen Anhängern fest verankert. In den christlichen Gemeinden wurde diese Auferstehung aller Toten allerdings in unterschiedlicher Weise mit Jesu Tod und Auferstehung in Verbindung gebracht.

2.3 Auferstehung der Toten, Endgericht und die Rolle Jesu

Der Gedanke der Auferstehung der Toten ergab sich im apokalyptischen Zwei-Äonen-Denken notwendig aus der Vorstellung eines Endgerichts, in welchem man eine ausgleichende Gerechtigkeit von Gott eingelöst sah.

Von der vergeltenden Gerechtigkeit im Endgericht kann ohne Bezug zu Jesus gesprochen werden. So wird dem, der Arme, Verkrüppelte, Lahme und Blinde zum Essen geladen hat, gesagt: »Du wirst selig sein, weil sie nichts haben, es dir zu vergelten. Denn es wird dir vergolten werden in der Auferstehung der Gerechten« (Lk 14,14). In der von Lukas verfassten Apostelgeschichte weist der Apostel Paulus in seiner Verteidigungsrede vor dem römischen Statthalter Felix in Cäsarea auf die gemeinsame Hoffnung von Juden und Christen hin, »dass es nämlich zu einer Auferstehung für Gerechte und Ungerechte kommen wird« (Apg 24,15).

Innerhalb des apokalyptischen Modells von Auferstehung und Endgericht können Jesus unterschiedliche Funktionen zugesprochen werden. Im Ersten Thessalonicherbrief, geschrieben etwa im Jahr 50, erwartet Paulus den Anbruch des neuen Äons noch in seiner Lebenszeit. Für die vor diesem Ereignis verstorbenen Gläubigen sieht er die Rettung vor dem Zorngericht Gottes in einer »Entrückung« durch Gott (1Thess 4,14). Später werden alle Christen entrückt werden, um »allzeit beim Herrn zu sein« (1Thess 4,17). Paulus stellt aber weder hier noch in seinen späteren Briefen einen kausalen Zusammenhang zwischen der Auferstehung Jesu und der Auferstehung der Toten her. Er leitet auch an keiner Stelle die Auferstehung der Toten von der Auferstehung Jesu ab. In 1Kor 15,20 wird Jesus lediglich als »Erstling« der Entschlafenen bezeichnet, die auferweckt werden.

In den Schriften der nachapostolischen Zeit hat sich die Erwartung einer Auferstehung zum Gericht bereits zu einem festen Lehrinhalt verselbstständigt. Im Hebräerbrief (geschrieben etwa in den beiden letzten Jahrzehnten des 1. Jahrhunderts) wird bereits von der »Lehre ... mit der Auferstehung der Toten und dem ewigen Gericht« gesprochen (Hebr 6,2). Im Zweiten Timotheusbrief und im Ersten Petrusbrief (beide verfasst um 100) wird Christus als der Richter im Endgericht über Lebende und Tote vorgestellt (2Tim 4,1 und 1Petr 4,5). Die Auferweckung Jesu ist dabei als selbstverständlich vorausgesetzt.

3 Die Zeugnisse von der Auferweckung Jesu

Im »Apostolischen Glaubensbekenntnis«, das in seiner heutigen Form seit Beginn des 5. Jahrhunderts schriftlich belegt ist, bekennt die gesamte Christenheit Jesus Christus als

— »gekreuzigt, gestorben und begraben,
— hinabgestiegen in das Reich des Todes,
— am dritten Tag auferstanden von den Toten«.

Wer das bekennt, sollte sich selbst fragen und muss sich fragen lassen, worauf sich dieser Glaube stützt, worin er begründet ist und was damit ausgedrückt wird. Hier soll zunächst historisch nachgezeichnet werden, wie es zu diesen Bekenntnisaussagen gekommen ist. In diesem 3. Kapitel wird geklärt, was die ältesten Formulierungen zur Auferstehung Jesu aussagen. In Kapitel 4 wird gefragt, was es mit den Erscheinungen des Auferstandenen auf sich hat, Kapitel 5 wird nach der historischen Tragfähigkeit der Geschichten vom leeren Grab fragen.

3.1 Die ältesten Formulierungen

3.1.1 Das eingliedrige Bekenntnis

Wir wissen nicht, wann die ersten Bekenntnisformeln zur Auferstehung Jesu entstanden sind. Als sicher gilt, dass derartige Bekenntnisformeln bereits vor dem Jahr 50 in einigen Gemeinden existierten, denn sie tauchen in den ältesten schriftlichen Dokumenten der Christenheit, in den Briefen des Apostels Paulus, bereits als geprägte Elemente der Tradition auf. Im ältesten Paulusbrief (1Thess aus dem Jahr 50) wird von dem Sohn gesprochen »den Gott von den Toten auferweckt hat« (1Thess 1,10). Im Brief an die Galater (geschrieben 52/53) legitimiert sich Paulus als Apostel Jesu Christi, den Gott »von den Toten auferweckt hat« (Gal 1,1). Im Römerbrief, dem letzten seiner Briefe (geschrieben 56), spricht er von dem Glauben, »dass Gott ihn (Jesus) von den Toten auferweckt hat« (Röm 10,9). In 1Kor zählt Paulus auf, was er an Glaubensgut bereits »empfangen« und an die Gemeinde weitergegeben hat. Dazu gehört wieder, dass Christus auferweckt worden ist (1Kor 15,4b). Diese Formeln stellen lediglich die Auferstehung Jesu fest. Ein Zusammenhang mit der Auferstehung der Toten wird nicht hergestellt.

3.1.2 Unterschiedliche Sprachformen

Die Urformel des christlichen Glaubens an die Auferweckung Jesu scheint eingliedrig gewesen zu sein. Die schlichte Feststellung, dass er auferweckt wurde, konnte als Aussage über Jesus formuliert sein: **Jesus** ist auferweckt worden. Die Auferweckung Jesu konnte aber auch als die Tat Gottes zum Ausdruck gebracht werden: **Gott** hat Jesus von den Toten auferweckt. Das ist die theologisch reflektiertere Form.

3.2 Erweiterung der eingliedrigen Formel

3.2.1 Erweiterung durch »Christus«

Nach heutigem volkskirchlichem Sprachgebrauch versteht man »Jesus Christus« als eine Art Doppelname, wie ihn viele haben. Die Jünger hatten es aber zunächst nur mit Jesus von Nazaret zu tun. Die Bezeichnung »Christus« ist weder ein Familien- noch ein Eigenname, sondern meint eine Funktion und ist als Hoheitstitel zu verstehen. »Christus« ist die griechische Übersetzung des hebräischen *maschíach*/Messias. Das kommt sehr klar in Jesu Frage an seine Jünger zum Ausdruck: »Für wen haltet ihr mich?« Petrus antwortet: »Du bist der Messias« (Mk 8,29). Wir wissen nicht, wann die junge Christenheit Jesus als die messianische Rettergestalt zu verstehen begann, die nach alttestamentlicher jüdischer Erwartung die zukünftige Heilszeit heraufführen sollte. Es lässt sich annehmen, dass die älteste Bekenntnisformulierung von der Auferweckung »Jesu« sprach und dass sie erst später mit »Christus« erweitert oder »Jesus« durch »Christus« ersetzt wurde. Es gilt als unwahrscheinlich, dass sich Jesus selbst als Messias/Christus verstanden hat.

3.2.2 Erweiterung durch den Hinweis auf Jesu Tod und Bestattung

Dem Auferstehungskapitel im Ersten Korintherbrief (geschrieben 55) ist zu entnehmen, dass die eingliedrige Auferweckungsformel schon früh erweitert worden ist. Der Apostel zitiert, was ihm bereits überliefert worden ist, nämlich »... dass Christus gestorben ist ... begraben ... und auferweckt wurde« (1Kor 15,3f). Das alles musste Auferstehungsskeptikern gegenüber offenbar deutlich ausgedrückt werden. Denn von den Toten auferweckt werden kann ja nur, wer tatsächlich gestorben ist, also tot ist. Mit dem Begräbnis wird der Tod gleichsam offiziell und öffentlich bestätigt. Nach jüdischem Verständnis ist der Verstorbene durch seine Bestattung im Reich der Toten angekommen, d. h., er ist jetzt bei denen, derer Gott nicht mehr gedenkt (Ps 88,6). Außerdem galt im Judentum die Vorstellung, dass nur ordentlich Bestattete im Totenreich Aufnahme finden können. So sichert der Hinweis auf die Bestattung ab, dass Jesus das Schicksal aller Verstorbenen geteilt hat und tatsächlich von den Toten zum Leben erweckt worden ist, also nicht nur scheintot war, was von jüdischer Seite ebenfalls behauptet wurde.

3.2.3 Der Hinweis auf den dritten Tag der Auferweckung

Warum wird so betont, dass Jesus am dritten Tag auferweckt wurde (1Kor 14,5b)? Aufschluss gibt der Nachsatz »gemäß den Schriften« (1Kor 15,4c). Die Antwort ist also in den alttestamentlichen Schriften zu finden. Da fällt dem mit den

Schriften Vertrauten die Jona-Geschichte ein. Danach ist Jona am dritten Tag aus dem Bauch des Fisches errettet worden »Drei Tage und Nächte lang war Jona im Bauch des Fisches« (Jona 2,1). Und Jona betete und sprach: »Aus dem Innern des Totenreichs rief ich um Hilfe ... die Erde – ihre Riegel schlossen sich hinter mir für immer. Da hast du mein Leben aus der Grube gezogen, Herr, mein Gott« (Jona 2,3 und 2,7). Im Bewusstsein der jüdischen Kultur waren auch die Worte des Propheten Hosea: »Auf und lasst uns zurückkehren zum Herrn ... Er hat geschlagen und er wird uns verbinden. Nach zwei Tagen wird er uns beleben, am dritten Tag wird er uns aufrichten, und wir werden leben vor ihm« (Hos 6,1f). Der Prophet Hosea hat diesen Text wohl angesichts der Bedrohung durch die Assyrer kurz vor 733 v. Chr. geschrieben. Es ist ein Bußtext, der zur Umkehr des Volkes zu Jahwe ruft. Hosea zeigt angesichts des heraufziehenden Gerichts gegen Israel, dass Jahwes Ziel nicht die Vernichtung, sondern das Heil des Volkes Israel ist.

Der dritte Tag gilt in Israels Tradition als ein Tag der Wende zum Guten, zum Neuen, zum Heil. »Im Judentum wurde offenbar diese Hosea-Stelle benutzt, um das Datum der eschatologischen (endzeitlichen) Totenauferweckung zu erschließen. Dann wäre die Auferstehung Jesu als Erfüllung einer alttestamentlichen Wegweissagung verstanden worden.« (Lüdemann 70) Mehr noch, die junge Christenheit verstand die Auferweckung Jesu als jene Überwindung des Todes durch Gott, mit der man den neuen Äon bereits anbrechen sah. Das also war die Botschaft: Mit dem dritten Tag nach Jesu Tod hat der verheißene neue Äon bereits begonnen.

4 Der Auferstandene wurde gesehen (gr. *phte)*

In dem Bekenntnis, das Paulus bereits von christlichen Gemeinden übernommen hatte, ist im Sinn einer Beglaubigung des Auferweckungsgeschehens festgehalten, dass Jesus nach seinem Tod vielen erschienen ist, nämlich Petrus, den Zwölfen, mehr als fünfhundert auf einmal, Jakobus, dem Bruder Jesu, und allen Aposteln. Dem fügt Paulus hinzu, dass Jesus auch ihm erschienen sei (1Kor 15,3–8). Die Logik, die hier in Anspruch genommen wird, ist die: Wenn jemand, der nachweislich gestorben ist und tot war, nach seinem Tod leibhaftig gesehen wird, so muss er vom Tod zum Leben erweckt worden sein. Die große Zahl der Zeugen soll diesen Schluss belegen. Überzeugen wird das freilich nur den, der bereits von der Auferstehung Jesu her argumentiert. Es ist deshalb geraten, die einzelnen Erscheinungsaussagen näher anzusehen.

4.1 Die sprachliche Fassung des »Sehens«

Das entscheidende Wort, mit dem das »Sehen« zum Ausdruck gebracht wird, begegnet uns nicht in seiner aktiven Perfektform von »er hat gesehen« (gr. *heóraka),* sondern stets in der passiven Form »er wurde gesehen« (gr. *phte).* Darin kommt zum Ausdruck, dass nicht der Mensch das Aktionssubjekt dieses Sehens ist, sondern, dass ihm etwas sichtbar gemacht wird, selbstverständlich durch Gott. Dieses Verständnis wird dadurch gestützt, dass jene Verbform *phte* auch als mediale Verbform verstanden werden kann, die wir in der deutschen Sprache nicht haben. In dieser medialen Form bedeutet *phte*: Er (Jesus) ließ sich sehen«. Nach diesem Verständnis hätte sich Jesus dem Petrus und vielen anderen als lebendig sichtbar bekundet, sich also sehen lassen. Was aber ist damit gemeint?

4.2 Die Zeugen des »Sehens«

4.2.1 Petrus

Simon Petrus, den Paulus mit seinem aramäischen Namen Kefa/Kefas (= Stein, Fels) nennt, wird in der überlieferten Liste der Zeugen als Erster genannt (1Kor 15,5). Auch in der Geschichte von der Verklärung Jesu ist Petrus der erste Zeuge (Mk 9,9). Als die Emmaus-Jünger nach ihrer Flucht aus Jerusalem wieder dorthin zurückkehrten, erfuhren sie von den elf versammelten Jüngern: »Der Herr ist tatsächlich auferweckt worden und dem Simon erschienen« (Lk 24,34). Den Emmaus-Jüngern war ja erst nachträglich aufgegangen, dass sie von Jesus begleitet worden waren. In diesen vielfachen Hinweisen auf die Ersterscheinung Jesu vor Petrus kommt die historisch belegte Führungsposition des Petrus in der Urgemeinde zum Ausdruck. Es ist eine Art Beglaubigung seiner Autorität.

4.2.2 Die Zwölf

Mit den »Zwölfen«, vor denen sich Jesus (nach 1Kor 15,5) zeigte, ist ein festes, aber nicht mehr beschreibbares Leitungsgremium in der Jerusalemer Gemeinde gemeint, das erst nach dem Tod Jesu entstanden war. Wer zu diesen Zwölfen gehörte, ist nicht bekannt. Die Zahl zwölf symbolisiert die Stämme Israels und steht für die »Vollständigkeit einer festen Gemeinschaft« (Zeilinger 125). Da ein Zwölferkreis historisch kaum greifbar ist, kann man die Erscheinungen Jesu vor diesem Kreis wohl als Ausdruck der Legitimation für das Leitungsgremium verstehen.

4.2.3 Die fünfhundert

Paulus nennt auch eine Gruppe von »fünfhundert Brüdern«, denen Christus erschienen sei (1Kor 15,6). Ein derartiges Großereignis wird sonst nirgendwo erwähnt. Die Zahl fünfhundert bedeutet nur »sehr viele« und sagt, dass die Begegnung mit Jesus nach dessen Tod kein Privileg war, das nur einer Führungselite vorbehalten gewesen wäre. Wir erfahren auch nicht, wie sich diese Erscheinung vor vielen abgespielt haben könnte. Die Pfingstgeschichte (Apg 2,1–13) lässt sich als Illustration nicht heranziehen, da es dort um die Aussendung des Geistes geht, nicht aber um eine Vision.

4.2.4 Jakobus und alle Apostel

Die Bezeichnung »Apostel« begegnet uns im Neuen Testament in unterschiedlichen Bedeutungen. Wenn Paulus von »Aposteln« spricht, so meint er die zu seiner Zeit tätigen und dazu autorisierten Boten und Missionare des christlichen Glaubens in den heidenchristlichen Gemeinden. Die Erscheinung Jesu versteht Paulus als die Beglaubigung ihres Sendungsauftrags und als die Legitimation zum Apostelamt. Sie wiegt für ihn mehr als die Jüngerschaft zu Lebzeiten Jesu. Denn Jakobus, ein Bruder Jesu, war gewiss kein Jünger des historischen Jesus. Paulus selbst, der Jesus persönlich nicht gekannt hatte und ihn und seine Jünger sogar verfolgte, versteht sich infolge seiner Christusbegegnung in Damaskus ebenfalls als Apostel im Sinne des legitimierten Glaubenszeugen (1Kor 15,7f).

4.2.5 Die Selbstzeugnisse des Paulus

Paulus sieht sich selbst dem Rang nach als den geringsten und der Zeit nach als den letzten der Glaubenszeugen, denen Jesus erschienen ist (1Kor 15,8f). Er ist der Einzige, von dem wir über die Erscheinung Näheres erfahren können, da er sich dazu in seinen Briefen selbst geäußert hat. 1Kor 15 enthält keine inhaltlichen Hinweise zu seinem Widerfahrnis, das sich nach Apg 9, 3 »in der Nähe von Damaskus« zugetragen haben soll. Zu diesem Ort des Geschehens haben wir aber in Gal 1,17 von ihm selbst einen Hinweis.

In diesem ältesten Selbstzeugnis sagt Paulus nicht, dass ihm Jesus *erschienen* sei, er sagt vielmehr, dass es Gott »gefiel, mir seinen Sohn zu *offenbaren*« (Gal 1,16). Über die Art und Weise dieser Offenbarung erfahren wir auch hier nichts Konkretes. Er berichtet, wie er als Jude die Christen unerbittlich verfolgt und sie zu vernichten gesucht hatte. Als er in dieser Mission unterwegs war, hatte ein Erlebnis, das ihn vom Verfolger zum Zeugen des christlichen Glaubens machte. Was immer vor Damaskus geschehen sein mag, Paulus war überzeugt, dass Gott an ihm gehandelt hatte.

In 1Kor 15,8 sieht Paulus sich in der Reihe derer, denen Christus *erschienen* ist, d. h. sich gezeigt hat. In 1Kor 9,1 beruft er sich darauf, dass er »Jesus, unseren Herrn, *gesehen* hat«. In seinem Brief an die Philipper aus einem Gefängnis in Ephesus, Cäsarea oder Rom schreibt er im Blick auf seine Lebenswende vor Damaskus: Alles, was mir bis dahin wichtig und wesentlich war, »habe ich dann um Christi willen als Verlust betrachtet, ja, ich halte das alles für wertlos im Vergleich mit der überragenden *Erkenntnis* Christi Jesu, meines Herrn« (Phil 3,7f). Hier stellt er das Entscheidende an seinem Damaskus-Erlebnis als einen Akt der Erkenntnis Christi dar, und zwar ohne jeden Hinweis auf eine Vision.

4.2.6 Die Berichte zur Bekehrung des Saulus in der Apostelgeschichte

Wieder andere Aussagen über die Wende im Leben des Paulus finden wir in der Apostelgeschichte, die von Lukas gegen Ende des 1. Jahrhunderts verfasst wurde. Hier werden die Traditionen der drei ersten Evangelien (Mk, Mt, Lk) mit der Missionstätigkeit des Apostels Paulus verbunden. An drei Stellen berichtet die Apostelgeschichte von dem einschneidenden Widerfahrnis, das Saulus zum christlichen Missionar Paulus machte: Apg 9, 22 und 26.

Kapitel 9 berichtet in der 3. Person Singular, die Kapitel 22 und 26 formulieren in der 1. Person Singular. Alle drei Berichte sprechen von einer Lichterscheinung, die (nach 9,3 und 22,6) nur Saulus umstrahlt und (nach 26,13) auch seine Begleiter. Von einer Erscheinung Jesu ist hier nicht die Rede. Alle drei Berichte sagen, dass Saulus eine Stimme hört, die ihm zuruft: »Saul, Saul, was verfolgst du mich?« (9,4 u. ö.) Auf die Frage des Saulus: »Wer bist du, Herr?«, erhält er die Antwort: »Ich bin Jesus, den du verfolgst!« (9,5 u. ö.) Nach 9,7 hören die Begleiter des Paulus die Stimme, nehmen aber keine Lichterscheinung wahr, 22,9 berichtet hingegen umgekehrt: Die Begleiter sehen zwar das Licht, hören aber keine Stimme.

Während Paulus selbst sagt, dass ihm Jesus Christus erschienen sei oder dass er ihn gesehen habe, wird in der Apostelgeschichte von einer Vision dieser Art nichts erzählt. Umgekehrt berichtet die Apostelgeschichte von einer Stimme (Audition), über die uns Paulus nichts sagt. So ist trotz der vielen Texte zu dem Damaskus-Ereignis zum Vorgang selbst historisch kaum mehr als eine vage Lichterscheinung zu ermitteln. Für Paulus selbst war der äußere Vorgang offensichtlich von geringem Interesse. Das zeigen seine eigenen unterschiedlichen Bezeichnungen des Erlebnisses als Offenbarung, als Erscheinung, als ein Sehen und als Erkenntnis. Keine dieser Formulierungen und Bekenntnisse sagt etwas über die Auferstehung Jesu selbst. Die Lebenswirklichkeit, die sich in diesen Begriffen ausspricht, wird noch näher zu klären sein.

5 Das leere Grab und die Jesus-Erscheinungen in den Evangelien

In der Tradition, die dem Apostel Paulus über die Zeit nach dem Tod Jesu überliefert worden war, scheint es die Geschichte von der Auffindung des leeren Grabes noch nicht gegeben zu haben. Es ist kaum vorstellbar, dass er auf ein so gutes Argument für den Beweis der Auferstehung Jesu von sich aus verzichtet haben könnte.

5.1 Die Geschichte vom leeren Grab nach Mk 16, 1–8

Das älteste schriftliche Zeugnis, das von der Auffindung eines leeren Grabes berichtet, liegt uns in Mk 16,1–8 vor. Damit schließt die ursprüngliche Fassung des Markusevangeliums, die um oder nach 70 entstanden ist. Wir erfahren, dass drei Frauen, die die Kreuzigung Jesu miterlebt hatten, am Tag nach dem Sabbat, unserem Sonntag, das Grab Jesu besuchen wollten, um seinen Leichnam zu salben. Schon hier begegnen uns zwei Ungereimtheiten. Denn welchen Sinn sollte es haben, einen Leichnam, der im heißen orientalischen Klima schon den dritten Tag im Grab liegt, noch nachträglich zu salben? Außerdem war es Brauch, die Grabeshöhlen mit einem schweren Stein zu verschliessen. Das fiel den Frauen erst auf dem Weg zum Grab ein. Als sie ankamen, war der Stein aber bereits weggewälzt und sie konnten ungehindert in das Grab eintreten. Dort fanden sie einen Jüngling in einem langen weißen Gewand vor. Ehe sie sich überhaupt in der Grabeshöhle umsehen konnten, verkündigte ihnen der Jüngling: »Jesus sucht ihr, den Nazarener, den Gekreuzigten. Er ist auferweckt worden, er ist nicht hier. Das ist die Stelle, wo sie ihn hingelegt haben« (Mk 16,6). Ein Engel deutet also das leere Grab.

Für sich genommen, ist das leere Grab kein Beweis für die Auferstehung des Toten, der darin gelegen hatte, denn der Tote hätte ja auch an einen anderen Ort gebracht worden sein können. Die Botschaft des Engels hält aber bereits vorab fest, was mit Jesus geschehen ist. Mehr noch, er sagt auch an, was noch geschehen wird: »Geht, sagt seinen Jüngern und dem Petrus, dass er euch vorausgeht nach Galiläa. *Dort werdet ihr ihn sehen,* wie er euch gesagt hat« (Mk 16,7).

Engel sind – wie ihre griechische Bezeichnung *angelos* sagt – Boten Gottes. Sie bringen eine göttliche Botschaft, die den Menschen etwas Verborgenes offenbar macht, und sie verbürgen zugleich, dass man sich auf das Offenbarte verlassen kann. Der *angelus interpres*/Deuteengel erscheint dort, wo ein Vorgang der authentischen Deutung bedarf oder wo etwas Wichtiges eröffnet, angekündigt oder angeordnet werden soll.

Die ältesten Überlieferungen, die Paulus in 1Kor 15 referiert, benennen nur die Feststellung, dass sich Jesus vielen Menschen nach seinem Tod gezeigt hatte. Erzählungen, die bestätigen, dass Jesus nicht im Tode geblieben sei, scheinen erst später entstanden zu sein. Paulus erwähnt solche Geschichten noch nicht. Im ältesten Evangelium, dem des Markus, finden wir lediglich die Geschichte vom leeren Grab. Erst die später entstandenen Evangelien enthalten noch weitere Geschichten, in denen der auferstandene Jesus sich Jüngern zeigt.

5.2 Die Umgestaltungen des Markus-Textes vom leeren Grab

Biblische Geschichten sind keine historischen Protokolle. Sie wollen als Geschichten verstanden werden, die im Medium des Erzählens eine Botschaft zum Ausdruck bringen. Diese Botschaft gilt es zu hören. Für die Evangelisten war es normal, überkommene Geschichten so zu verändern, dass sie sich in ihr Erzählkonzept einfügten. Den Charakter dieser Geschichten und das Gewicht ihrer historischen Aussage lernen wir unmittelbar kennen, wenn wir uns am Beispiel der Geschichte vom leeren Grab deren Umformungsprozesse vergegenwärtigen. Dabei werden wir uns auf das für unser Thema inhaltlich Wesentliche beschränken.

5.2.1 Die Umformung durch Matthäus

Matthäus übernimmt das Grundmodell der Geschichte von Markus, aber er beseitigt die beiden genannten Ungereimtheiten am Beginn der Markus-Version. Er lässt die Frauen nicht zum Grab gehen, um Jesus nachträglich zu salben, sondern nur, um das Grab zu sehen (28,1). Das Problem mit dem Stein vor dem Grab taucht bei Matthäus nicht auf, weil die Frauen das Grab nur sehen, aber nicht hineingehen wollen. Dennoch sollte ihnen gemäß der Zielaussage der Geschichte der Blick auf das Innere des leeren Grabes eröffnet werden. Das leisteten nach Matthäus ein »starkes Erdbeben« und ein »Engel des Herrn«, die den Blick in das Innere des Grabes freimachten. Der Engel kam aus dem Himmel herab und wälzte den Stein weg.

Das Erdbeben gilt in der gesamten Antike und auch im Alten Testament als sichtbares Zeichen von göttlichem Eingreifen und als Begleiterscheinung von Geburt und Tod von Gottheiten oder beim Auftreten von göttlichen Repräsentanten. Es kennzeichnet auch Befreiungen und das Lösen von Fesseln als göttliche Eingriffe und Wunder. So auch in Philippi, wo Paulus und Silas gefesselt im Gefängnis lagen. Als die beiden um Mitternacht zu beten begannen und Lobgesänge anstimmten, »da gab es auf einmal ein starkes Erdbeben, und die Grundmauern des Gefängnisses wankten; unversehens öffneten sich alle Türen, und allen Gefangenen fielen die Fesseln ab« (Apg 16,25f). Gleiches berichtet Matthäus vom Augenblick des Todes Jesu: »Und siehe da: Der Vorhang im Tempel riss entzwei von oben bis unten, und die Erde bebte und die Felsen barsten und die Gräber taten sich auf« (Mt 27,51f). In der Offenbarung des Johannes wird im apokalyptischen Denkmodell mit einem gewaltigen Erdbeben das Ende dieses alten Äons zum Ausdruck gebracht.

Hat man diesen Symbolhintergrund im Blick, so ist deutlich zu erkennen, dass Matthäus den Bericht vom leeren Grab im Vergleich zu Markus erheblich aufwertet und in das Zentrum rückt. Matthäus betont, dass ein Engel aus dem Himmel herabkam, um den Stein vom Eingang des Grabes hinwegzuwälzen und damit die Befreiung aus den Fesseln des Todes als göttliches Handeln kenntlich zu machen. Das begleitende Erdbeben als kosmischer Vorgang kennzeichnet außerdem Jesu Tod und Auferstehung als die entscheidenden Ereignisse in der Wende vom alten zum neuen Äon. Eindrücklicheres hat die Symbolsprache der alten Welt nicht zu bieten, um ein Ereignis in seiner Heilsbedeutung hervorzuheben.

Wir wissen nicht, wo und wann die Geschichte vom leeren Grab entstanden ist. Wir wissen aber aus jüdischen Dokumenten, dass die Christen schon früh verdächtigt wurden, den Leichnam Jesu heimlich entfernt zu haben, um damit das Wunder einer Auferweckung vorzutäuschen. Diese Verdächtigung scheint Markus noch nicht gekannt zu haben, wohl aber Matthäus, der sein Evangelium etwa zwei Jahrzehnte nach Markus schrieb. Der unbekannte Verfasser des Matthäusevangeliums, den wir der Einfachheit halber »Matthäus« nennen, ist selbst mit der jüdischen Welt gut vertraut und schreibt sein Evangelium für Leser, die das ebenfalls sind. Er reagiert – als einziger der Evangelisten – mit einer Geschichte, die den Betrugsverdacht gegenüber den Christen schon im Vorfeld entkräftet. So berichtet er (in Mt 27,62–66), dass die Hohepriester und Pharisäer bei Pilatus folgendermaßen vorsprachen: »Herr, wir haben uns erinnert, dass jener Betrüger

(Jesus), als er noch lebte, gesagt hat: Nach drei Tagen werde ich auferweckt. Befiehl also, dass das Grab bewacht werde bis zum dritten Tag, damit nicht seine Jünger kommen und ihn stehlen und dem Volk sagen: Er ist von den Toten auferweckt worden. ... Da sagte Pilatus zu ihnen: Ihr sollt eine Wache haben! Geht und bewacht es, so gut ihr könnt. Sie gingen, versiegelten den Stein und sicherten das Grab mit einer Wache.« Unter den Augen der Wächter hätten die Frauen gar nicht in die Nähe des Grabes und schon gar nicht in das Grab gelangen können. Dieses Problem löst Matthäus in seiner Version der Grabesgeschichte mit dem überwältigenden Auftreten des Engels und mit dem Erdbeben. Er fügt in die Markus-Version ein: Die Erscheinung des Engels »war wie ein Blitz und sein Gewand weiß wie Schnee. Die Wächter zitterten vor Angst und erstarrten (wurden wie tot)« (Mt 28,3f). Mehr noch: Matthäus entlarvt die Hohepriester als die Betrüger. Nach seiner Geschichte vom leeren Grab und dessen Bewachung lässt er die Wachen das Geschehen den Hohepriestern berichten. »Diese versammelten sich mit den Ältesten und fassten einen Beschluss: Sie gaben den Soldaten reichlich Geld und wiesen sie an, zu sagen, seine Jünger seien in der Nacht gekommen und hätten ihn gestohlen, während sie schliefen (nur, wie sollte ein Wächter erzählen können, was vorgefallen war, während er schlief?). Die Hohepriester garantierten den Soldaten, dass sie vom Statthalter keine Strafe zu befürchten hätten. Die Soldaten »nahmen das Geld und taten, wie sie angewiesen wurden. Und so hat sich das Gerücht (über den Diebstahl des Leichnams Jesu) bei den Juden verbreitet und gehalten bis auf den heutigen Tag« (Mt 28,12–15).

Zweifellos wollen alle Evangelisten mit der Geschichte vom leeren Grab die leibliche Auferstehung Jesu belegen, ja beweisen. Aber es wird nirgendwo gesagt, dass dieses leere Grab die Frauen von der Auferweckung Jesu überzeugt hätte.

Bei Markus wie bei Matthäus reagieren sie erst auf die Botschaft des Engels. »Er ist auferweckt worden, wie er gesagt hat« (Mt 28,6).

Die Geschichte vom leeren Grab endet bei Markus und Matthäus freilich nahezu gegensätzlich. Nach Mk 16,8 flohen die Frauen von der Gruft, »denn sie waren starr vor Angst und Entsetzen. Und sie sagten niemandem etwas, denn sie fürchteten sich«. Es könnte sein, dass Markus auf diese Weise das Ergriffensein der Frauen von dem endzeitlichen Geschehen zum Ausdruck bringt, oder er bleibt nur bei seiner Linie, wonach sich christlicher Glaube nicht als Faktenwissen äußert, sondern als Nachfolge. Matthäus hingegen lässt die Frauen von dem Grab und mit der Botschaft des Engels zwar voller Furcht, aber »mit großer Freude« weglaufen, um das Erlebte den Jüngern zu berichten. Eben dieser Impuls, die befreiende Botschaft weiterzutragen, wird nach Matthäus in dem Sendewort des Auferstandenen allen aufgetragen: »Geht nun hin und macht alle Völker zu Jüngern« (Mt 28,19). Für Matthäus gilt es, sich von der Gewissheit, dass Jesus nicht im Tode geblieben ist, in Anspruch nehmen und mit seiner Botschaft in Bewegung setzen zu lassen.

5.2.2 Die Umformung und Erweiterung durch Lukas

Ehe wir uns der Geschichte vom leeren Grab bei Lukas zuwenden, ist es hilfreich, sich zu vergegenwärtigen, wer der Verfasser dieses nach ihm benannten Evangeliums war, in welcher Absicht er schrieb und von welcher Art sein Doppelwerk (Evangelium und Apostelgeschichte des Lukas) ist. Lukas kam aus der Kultur des hellenistischen Heidentums und er schrieb auch für Griechisch sprechende Leser, die in der hellenistischen Kultur zu Hause waren. Er schreibt nicht als Theologe, sondern hat »den Ehrgeiz, als Geschichtsschreiber die entscheidende Phase der Weltgeschichte zu erzählen. Er lehnt sich an die Formensprache antiker Historiografie an ...

und legt durch Reden wie ein antiker Historiker seine Deutung den handelnden Personen in den Mund. Aber er ist im Grunde weniger Historiker als Erzähler« (Theissen 77). Zeitlich gehört Lukas der dritten Generation an. Sein Doppelwerk schrieb er im letzten Jahrzehnt des 1. Jahrhunderts. Augenzeuge der Ereignisse um den Tod Jesu kann er nicht gewesen sein. Er kannte (wie Matthäus) das Evangelium des Markus, denn er hat den Aufriss und die Texte des Markusevangeliums übernommen und diesem Traditionsfundus durch Reden aus einer weiteren Quelle (die auch Matthäus kannte) und durch Sondergut, das nur bei ihm zu finden ist, erweitert. Das Matthäusevangelium kannte er wohl nicht. Seine Umformungen der Markus-Texte ergeben sich aus seiner geschichtlichen Situation und dem gegenüber der Markus-Tradition andersartigen Hintergrund seiner eigenen Person und seiner Adressaten.

Auch die Geschichte vom leeren Grab hat Lukas von Markus übernommen, diese aber mit erheblichen Umformungen in das Konzept seines Geschichtswerkes eingefügt. Er hatte es in der hellenistischen Welt nicht mit der Unterstellung der Juden zu tun, die Jünger hätten den Leichnam Jesu gestohlen. Deshalb finden wir bei ihm auch keine Spur der abwehrenden Legende von den Wachen am Grab und deren Bestechung durch die Hohepriester. Die heidenchristliche Leserschaft des Lukas war gegenüber den Vorstellungen von der Auferstehung Jesu ebenfalls skeptisch und konnte allein mit dem leeren Grab davon nicht überzeugt werden. Offenbar zweifelte Lukas selbst an der Überzeugungskraft dieser Geschichte. So erzählt er sie (Lk 24,1–11) in folgender Version: Die Frauen gingen wie bei Markus mit wohlriechenden Ölen zum Grab. Der Stein vor dem Eingang zur Gruft war schon weggewälzt. Die Frage, wie sie in das geschlossene Grab gelangen sollten, stellte sich also nicht. So gingen sie in das Grab hinein, fanden darin aber den Leichnam Jesu nicht.

51

Während sie noch ratlos dastanden, traten zwei Männer in blitzenden Gewändern zu ihnen und tadelten sie, dass sie den Lebenden bei den Toten suchten. »Er ist nicht hier, er ist auferweckt worden.« Die zwei Gottesboten erinnern die Frauen daran, dass Jesus selbst gesagt hatte, man werde ihn kreuzigen, er aber werde am dritten Tag auferstehen. Jedoch weder das leere Grab noch die Botschaft der Engel konnten die Frauen überzeugen. Sie eilten zu den Jüngern zurück und erzählten ihnen, was sie am Grab erlebt hatten: »… denen aber erschienen diese Worte wie leeres Geschwätz und sie glaubten ihnen nicht.« Auch Petrus lief zum Grab, sah dort die Leinentücher und war darüber lediglich »verwundert«.

Mit dem gleichen Erzählmaterial wird hier eine recht andere Aussage gemacht als bei Markus und Matthäus. Nach Lukas hat weder das leere Grab noch die Engelbotschaft von der Auferstehung Jesu zum Glauben an den Auferstandenen geführt – bei den Frauen nicht und auch nicht bei Petrus.

Für Lukas sind die Ereignisse des Ostersonntags damit noch nicht vollständig erzählt. Er erzählt weiter von den beiden Jüngern, die nach Jesu Tod resigniert auf dem Weg von Jerusalem nach Emmaus waren (Lk 24,13–35). Ein Wanderer schloss sich den beiden wie zufällig an und hörte von ihren enttäuschten Hoffnungen. Sie berichteten auch, dass sie von den Frauen in Schrecken versetzt worden waren, die das Grab Jesu leer gefunden hatten und von Engeln berichteten, »die gesagt hätten, er lebe«. Aber auch jene hätten Jesus nicht im Grab gesehen, die die Erzählungen der Frauen nachprüften. Der vermeintliche Mitwanderer verwies die beiden Jünger auf die Worte der Propheten und des Mose, die gesagt hatten, dass der Messias viel leiden müsse und so in seine Herrlichkeit eingehen werde. Sie luden den Fremden zum Abendessen ein. Und erst als dieser das Brot nahm, den Lobpreis sprach, es brach und ihnen gab, »Da wurden ihnen die Augen aufgetan, und sie erkannten ihn. Und schon war er nicht mehr zu sehen.«

Was also kann nach Lukas zum Glauben an den Auferstandenen führen? Nicht das leere Grab und auch nicht die Botschaft des Engels, dass Jesus auferweckt sei. Die Emmaus-Geschichte enthält zwei Hinweise. Zum einen den Hinweis auf Mose und die Propheten, die bereits angekündigt hatten, dass der Messias leiden müsse und dann in die Herrlichkeit eingehen werde. Die frühe Christenheit verstand Jesu Leiden und Auferstehen als Erfüllung dieser Weissagungen. Zum anderen aber – und darin gipfelt die Emmaus-Geschichte – entsteht der Glaube an den Auferstandenen nur dort, wo der Gekreuzigte sich als lebendig zeigt und sehen lässt. Kann man die jüdische Kultur als eine Kultur des Ohrs und des Worts charakterisieren, so die hellenistische Kultur eher als eine Kultur des Auges und des Sehens.

Das unterstreicht Lukas eindrucksvoll in der folgenden Erzählung von der Erscheinung des Auferstandenen vor den Zwölfen (Lk 24,36–43). Lukas lässt die beiden aus Emmaus zu den in Jerusalem versammelten Jüngern zurückkehren. Diese erzählen, was sie mit dem Auferstandenen erlebt haben und erfahren, dass Jesus auch Simon erschienen war. »Während sie noch darüber redeten, trat er (Jesus) selbst in ihre Mitte und sagte zu ihnen: Friede sei mit euch!« Das erschreckte die Versammelten, denn sie meinten, ein Gespenst zu sehen. Jesus erspürte diese Gedanken des Zweifels und sagte: »Seht meine Hände und Füße: Ich bin es. Fasst mich an und seht! Ein Geist hat kein Fleisch und keine Knochen«. Da sie immer noch ungläubig waren, forderte er zum entscheidenden Realitätstest auf: »Habt ihr etwas zu essen hier? Da gaben sie ihm ein Stück gebratenen Fisch; und er nahm es und aß es vor ihren Augen.« Erst damit ist der Seh-Test überzeugend abgeschlossen. Ein Gespenst, ein Trugbild, kann nichts essen. Die leibliche Auferstehung ist für hellenistische

Menschen erst erwiesen, wenn der Auferstandene in seiner Leiblichkeit auch betastet werden kann. Der letzte Realitätsbeweis ist erbracht, wenn er auch irdische Speise zu sich nehmen kann.

Jetzt erst – nach dieser fühlbaren, sichtbaren und stofflichen Beweisführung – gewinnen die Worte Jesu ihr volles Gewicht (Lk 24,44–49), nämlich zum einen der Hinweis auf die Ankündigung seines Auferstehens durch Mose und die Propheten und zum anderen sein Sendewort: »Und seid gewiss, ich sende, was der Vater mir verheißen hat, auf euch herab; ihr aber sollt in der Stadt bleiben, bis ihr mit Kraft aus der Höhe ausgerüstet werdet.« Damit weist Lukas auf die Pfingsterzählung in Kapitel 2 seiner Apostelgeschichte.

5.2.3 Zwischenauswertung

Die Umformungen und Erweiterungen der Geschichte vom leeren Grab durch Matthäus und Lukas zeigen, dass wir es hier nicht mit Protokollen von Ereignissen zu tun haben können. Im Vergleich der Varianten erweisen sich diese Erzähltexte als poetisches Material, das die Evangelisten aufnehmen, um damit den Einwendungen gegen die Auferstehung Jesu zu begegnen, um Zweifel aufzunehmen und diese zu entkräften, um Fragen der Skeptiker und um die Überzeugungen der Evangelisten selbst zur Sprache zu bringen und um Argumente für die eigene Sicht der Dinge auszudrücken.

Der freie Umgang der Evangelisten mit Erzähltexten zeigt, dass sie die überkommenen Texte nicht als unveränderbares Tatsachenwissen betrachteten, das wortgleich weitergegeben werden musste. Sie nehmen die Erzähltexte als ein Sprachangebot auf, das man im Sinn der Botschaft des eigenen Evangeliums nutzen und gestalten kann. Bei dieser Betrachtung lösen sich viele inhaltliche »Widersprüche« zwanglos auf, die sich bei einem biblizistischen Verständnis dieser Texte auch gegen den christlichen Glauben instrumentalisieren lassen.

Die Textfassung des Matthäus lässt erkennen, dass er im Bereich des jüdisch-apokalyptischen Weltverständnisses argumentiert, in dem der Gedanke der Auferstehung der Toten generell vertraut war und nur die Auferstehung Jesu infrage gestellt wurde. In den österlichen Texten des Lukas für hellenistische Leser kann der apokalyptische Auferstehungsglaube nicht vorausgesetzt werden. Für diese stand eher das Modell der Apotheose/*consecratio*/Entrückung zur Erklärung bereit. Das ist die Vorstellung von der Gottwerdung des verstorbenen Kaisers, die im römischen Reich seit der Kaiserzeit allgemein bekannt und vertraut war. »Die Entrückung schloss die Aufnahme unter die Götter, die Vergöttlichung, ein und gab der bleibenden Hoheit und Würde der Entrückten Ausdruck. Während die Vorstellung allgemein von der Entrückung Lebender ausging, ist vor allem im griechischen Traditionsbereich auch die Entrückung Verstorbener bzw. Sterbender möglich. Nachgewiesen war das Faktum einer Entrückung durch die Beglaubigung von Augenzeugen, durch die nachträgliche Erscheinung des Entrückten oder eines göttlichen Boten, vor allem durch die Feststellung, dass der Leichnam oder Reste desselben nicht auffindbar sind.« (Hoffmann b 499) Vor dem Hintergrund hellenistischen Denkens lässt sich die Erzählung vom leeren Grab »als Veranschaulichung der Auferweckungsbotschaft im Kontext antiker Entrückungslegenden begreifen« (Hoffmann b 499).

5.2.4 Johannes – ein anderes Evangelien-Konzept

Im Johannesevangelium begegnet uns nicht nur eine Umgestaltung der Ostergeschichten, sondern eine »Neuinszenierung der Ostererzählungen« (Zeilinger 179). Wir finden hier auch die meisten Ostergeschichten. Das wird sich uns am ehesten erschließen, wenn wir uns Herkunft und Charakter dieses vierten Evangeliums wenigstens in Grundzügen vergegenwärtigen. G. Theissen stellt das Johannesevangelium als eine »Neuinterpretation des christlichen Glaubens an einer Wende in der Religionsgeschichte« (Theissen 107) vor.

Das Weltverständnis, aus dem heraus und in das hinein es geschrieben ist, bildet jene philosophisch-religiöse Erlösungslehre, die unter der Bezeichnung »Gnosis« (Erkenntnis) bereits vor Jesus im syrischen Raum entstanden war. Die Gnosis hatte sich um 100 im kleinasiatisch-griechischen Raum bereits so stark verbreitet, dass sie eine ernsthafte Konkurrenz zum Christentum bildete.

Das geistige Grundkonzept der Gnosis war weltverneinend, weltflüchtig, pessimistisch, asketisch und dualistisch. Sie versprach, durch die Erkenntnis, die von einer göttlichen Erlösergestalt gebracht worden war, den Menschen aus seiner Versklavung durch die dämonischen und bösen Mächte dieser Welt zu erlösen.

Die Christen dieser Religion mussten sich mit der gnostischen Selbsterlösungslehre auseinandersetzen, zum einen, um sich von ihr abzugrenzen, zum anderen, um in den der Gnosis vertrauten Denkmodellen dem christlichen Glauben Ausdruck zu geben. Der Neutestamentler G. Kegel fasst seine Untersuchungen der johanneischen Ostertexte so zusammen: »Das Johannesevangelium stellt in seiner ursprünglichen Gestalt einen Versuch dar, die traditionellen Aussagen von einer endzeitlichen Totenauferstehung aus dem apokalyptischen Vorstellungsbereich herauszunehmen und von gnostischen Vorstellungen her zu interpretieren.« (Kegel 118) Das lässt sich hier zwar nicht ausloten, aber doch an Beispielen veranschaulichen.

Aus der Sprache, aus dem Weltverständnis und aus den aktuellen Problemen, die wir im Johannesevangelium vorfinden, kann man erschließen, dass dieses Evangelium in seiner Urfassung in den beiden ersten Jahrzehnten des 2. Jahrhunderts im kleinasiatischen oder syrischen Raum geschrieben worden ist. Der Verfasser ist uns nicht bekannt. In der kirch-

lichen Tradition hat man das Werk einem Johannes zuge-
schrieben, wohl angeregt durch den redaktionellen Nachtrag
in 21,24. Die ursprüngliche Fassung ist von einer kirchlich
harmonisierenden Redaktion schon früh spürbar überarbeitet
worden.

Ein Textvergleich ergibt, dass nur sechs Erzählungen des
Johannesevangeliums mit Texten der ersten drei Evangelien
(Synoptiker) übereinstimmen. Viele Daten, Namen, Ortsan-
gaben und Vorgänge unterscheiden sich von den Angaben bei
den Synoptikern. Besonders auffallend sind die Differenzen
der Sprache. In den synoptischen Evangelien spricht Jesus in
direkten, kurzen und klaren Sätzen. Im Johannesevangelium
hält er lange Reden und entwickelt seine Gedanken in medi-
tativer Weise. Das Gleiche gilt für die Sprache Johannes des
Täufers. »Man kann davon ausgehen, dass der Evangelist
dem Ganzen weitgehend seinen eigenen Stil aufgeprägt hat.«
(Marxsen 78, 248f) Da sich auch der Aufbau des Johannesevangeliums von dem Grundkonzept der synoptischen Evangelien unterscheidet, gilt es als unwahrscheinlich, dass Johannes die anderen Evangelien gekannt und als seine Quelle ge-
nutzt hat. Er scheint aus anderen Traditionen geschöpft und
diese sehr frei gestaltet zu haben.

5.2.5 Die Neugestaltung der Ostergeschichten durch Johannes

Die Differenzen beginnen bereits beim Todesdatum Jesu.
Nach den synoptischen Evangelien starb Jesus am ersten Tag
des Passafestes, am 15. Nisan (Mk 15,1). Nach Johannes
starb er bereits am Nachmittag des Rüsttages zum Passafest,
also am 14. Nisan (Joh 19,31). In der Chronologie der Synoptiker feiert Jesus aber noch am Abend des 14. Nisan mit
seinen Jüngern den Beginn des Passafestes.

Gekreuzigte starben oft erst nach zwei oder drei Tagen,
und zwar mehr an Erschöpfung als an ihren Wunden. Die

Evangelien berichten aber einstimmig, dass Jesus schon nach wenigen Stunden verstorben sei, d. h. noch am Tag seiner Kreuzigung. Gekreuzigte wurden zur Abschreckung für die anderen auch nach ihrem Tod noch hängen gelassen und den Tieren zum Fraß freigegeben. Es bestand jedoch auch die Sitte, den Leichnam eines hingerichteten Römers den Freunden oder Verwandten zur Bestattung zu überlassen. Die Evangelien berichten übereinstimmend, dass es im Falle Jesu einem angesehenen jüdischen Ratsmitglied, Josef von Arimatäa, gelungen war, von Pilatus den Leichnam Jesu zu erbitten, um ihn nach jüdischer Sitte sofort zu bestatten. Josef von Arimatäa, ein heimlicher Jünger Jesu, nahm den Leichnam vom Kreuz, hüllte ihn in Leinwand, legte ihn in eine Gruft, die in einen Felsen gehauen war, und wälzte einen Stein vor den Eingang. Das Johannesevangelium berichtet zusätzlich von einem Mann namens Nikodemus, der Myrrhe und Aloe brachte und Josef dabei half, den Leichnam Jesu mit den wohlriechenden Salben in Leinen gewickelt zu bestatten. Das wiederum verträgt sich schlecht mit der Bemerkung des Markusevangeliums, wonach die drei Frauen erst am Ostertag wohlriechende Öle kauften und zum Grab Jesu aufbrachen, um ihn zu salben. Die Erzählung vom leeren Grab ist in Joh 20,1–10 gänzlich anders gestaltet als bei den Synoptikern. Hier ist nur von Maria von Magdala die Rede, die am Ostermorgen zu Jesu Grab geht und es leer findet. Mit dieser Entdeckung eilt sie sofort zurück zu den Jüngern. In einer Art Wettlauf kommt der Lieblingsjünger Jesu vor Petrus am Grab an, lässt aber Petrus den Vortritt in die Gruft, der jetzt die Leinenbinden und das Schweißtuch Jesu sorgsam gefaltet im Grab liegen sieht. Bis dahin taucht weder ein Engel noch eine Engelbotschaft auf und auch der Gedanke der Auferstehung ist noch nicht im Gespräch.

In Joh 20,11–18 wird der Erzählfaden mit Maria von Magdala wieder aufgenommen. Sie sitzt vor dem Grab, weint, tut einen Blick in die Gruft und sieht dort einen Engel zu Häupten und einen zu Füßen Jesu, wo er gelegen hatte. Sie beklagt, dass man Jesus weggenommen habe, und fragt den hinter ihr stehenden vermeintlichen Gärtner, wo er den Leichnam hingebracht habe. Erst als dieser sie mit ihrem Namen anredet, erkennt sie, dass es Jesus ist. Sie darf ihn aber nicht anrühren. Denn er sagt, er werde erst zu Gott hinaufgehen. Das alles berichtet sie auf Jesu Anweisung den Jüngern; eine Reaktion der Jünger wird nicht mitgeteilt.

Maria hatte bereits das leere Grab gesehen und einen Leichenraub vermutet. Petrus und der andere Jünger hatten bereits die gefalteten Leinentücher gesehen, was gegen einen überstürzten Leichenraub sprach und Maria hatte im Grab zwei Engel und im Garten vor der Gruft einen Jesus gesehen, der mit dem irdischen identisch war. Aber das entscheidende Stichwort »Er ist auferstanden« ist bis dahin noch nicht gefallen, und es fällt auch in der folgenden Geschichte nicht.

Joh 20,19–23 erzählt, dass die Jünger am Abend des Ostertages aus Furcht vor den Juden hinter verschlossenen Türen versammelt waren, als Jesus in ihre Mitte trat. Er begrüßte sie mit dem vertrauten Friedensgruß, zeigte ihnen die Wunden an seinen Händen und an seiner Seite und sagte: »Wie mich der Vater gesandt hat, so sende ich euch«. Mit diesem Wort deutet Johannes an, wie Jesus nach seinem Tod in der Welt gegenwärtig bleibt und durch seine Jünger und Zeugen auch weiterhin wirkt. Sinnfällig für antikes Denken vermittelt er ihnen seinen Geist, indem er sie anhaucht. Im Johannesevangelium wird bereits am Ostertag jener universale Sendungsauftrag erteilt, den Lukas erst vierzig Tage nach Ostern beim Pfingstfest (Apg 2) geschehen lässt. Mit der Verleihung des Geistes ist die Vollmacht verbunden, Menschen von ihren Sünden zu befreien.

Schließlich wird in einer weiteren Ostergeschichte (Joh 20,24–30) betont, was für eine große Rolle das Sehen des zu neuem Leben Entstandenen spielt. Thomas, einer der Zwölf, hat die Erscheinung Jesu am Ostertag nicht miterlebt. Er sagt, er könne nicht glauben, solange er die Wundmale Jesu nicht selbst gesehen und seine Seitenwunde nicht berührt habe. Eine Woche nach der ersten Erscheinung Jesu vor allen Jüngern zeigt sich Jesus erneut den Jüngern und Thomas darf sich vergewissern. Diese Thomas-Szene bringt das Thema des Zweifels zur Sprache, das sich in nachapostolischer Zeit stellte. Jesus zeigte sich nach seinem Tod nur kurze Zeit in leiblicher Gestalt. Wie aber kann man glauben, ohne sich körperlich vergewissert zu haben, dass er tatsächlich lebt? Mit seinen vier Geschichten verweist Johannes seine Leser darauf, dass wir uns auf die verlassen können, die Jesus gesehen und selbst berührt haben, noch mehr aber auf jene ersten Zeugen, die glaubten, ohne ihn gesehen und berührt zu haben. Das hatten bereits Petrus und der andere Jünger nach ihrem Blick in das leere Grab getan. Das Wort an Thomas richtet sich an alle Nachgeborenen: »Du glaubst, weil du mich gesehen hast. Selig, die nicht mehr sehen und glauben« (Joh 20,29).

Mit dieser Geschichte schloss die ursprüngliche Fassung des Johannesevangeliums. Das zeigt der Epilog, in dem es heißt: »Noch viele andere Zeichen hat Jesus vor den Augen seiner Jünger getan, die in diesem Buch nicht aufgeschrieben sind« (Joh 20,30).

5.2.6 Joh 21 – ein Nachtrag

Joh 21 gibt sich selbst als Nachtrag zu erkennen, der aus einem anderen Traditionsstrang stammt. Während sich im ursprünglichen Johannesevangelium alle Erscheinungen Jesu in Jerusalem zutragen, haben wir es in Joh 21 mit einer Galiläa-Tradition zu tun. Was hier vom Schauplatz des Sees Tiberias erzählt wird, wirkt nicht wie eine Fortsetzung der Erscheinungen Jesu in Jerusalem, sondern so, als erschiene Jesus dem Petrus und den Jüngern auf überraschende Weise zum ersten Mal. In 20,21 hatte doch Jesus die Jünger in die Welt gesandt. Johannes 21 schildert das Leben der Jünger so, als wäre derlei noch nicht geschehen. Schließlich wird in Joh 21,25 noch einmal wiederholt, was schon in Joh 20,30 gesagt war, dass es nämlich noch viel von Jesus zu erzählen gäbe. Deutlich ist auch die Tendenz in Kapitel 21, den Jünger, den Jesus lieb hatte, gegenüber Petrus aufzuwerten. Das Nachtragskapitel 21 gibt insgesamt theologisch und historisch viele Fragen auf, die bisher noch niemand zufriedenstellend beantworten konnte.

6 Auswertung der Texte des Paulus und der Evangelien

Mit den bisher betrachteten Texten haben wir die wichtigsten Zeugnisse im Blick, auf die sich die christliche Lehre von der Auferstehung Jesu gründet und bis heute beruft. Da die Auferstehung Jesu bis in die Gegenwart als ein Faktenwissen deklariert zu werden pflegt, soll in einem ersten Schritt geprüft werden, welche historischen Fakten den biblischen Texten zu entnehmen sind. In einem weiteren Schritt sollen die Texte auf ihre theologische Aussage hin näher befragt werden.

6.1 Historische Aspekte

Geschichten sind noch keine Geschichte. Geschichten sind in erster Linie Botschaften. Dennoch ist zu fragen, welchen historischen Kern sie enthalten. Mit dem historischen Kern müssen oft gar nicht die in der Erzählung berichteten Fakten gemeint sein, sondern er kann auch der reale Grund und Anlass für die Botschaft einer Erzählung sein. Das will sagen: Es geht bei der Frage nach dem historischen Kern einer Geschichte nicht in erster Linie darum, ob das Erzählte auch tatsächlich so geschehen ist, wie es da steht. Aufschlussreicher ist es oft, nach den historischen Gegebenheiten zu fragen, die zu einer Geschichte gedrängt haben und sich in ihr ausdrücken.

6.1.1 Tod und Bestattung Jesu

Am tatsächlichen Kreuzestod Jesu bestehen heute keine historischen Zweifel. Anzunehmen ist auch, dass er als Jude bestattet worden ist, da nach jüdischem Verständnis nur Bestattete mit der Auferstehung rechnen konnten. Für eine Bestattung noch vor Beginn des Sabbats scheinen Juden gesorgt zu haben. Ob das jener erwähnte Ratsherr Josef von Arimatäa war, wie alle Evangelien angeben, ist nicht gesichert. Von ihm wird in Mk 15,42–46 erzählt, er habe Jesus vom Kreuz genommen, ihn in Leinen gewickelt, ihn in eine Gruft gelegt, die in einen Felsen gehauen war, und diese Gruft mit einem Stein verschlossen. Matthäus, Lukas und Johannes sprechen von einer erst kurz zuvor ausgehauenen Gruft, in der noch nie ein Leichnam gelegen hatte. Joh 19,42 bemerkt, dass man Jesus in diese neu erstellte Gruft brachte, weil sie in der Nähe der Kreuzigungsstätte lag. Das macht nicht den Eindruck, als gehörte sie dem Ratsherrn Josef. Das Johannesevangelium erwähnt neben Josef noch Nikodemus, der die stattliche Menge von 100 Pfund Myrrhe und Aloe zur Bestattung brachte. Er und Josef »nahmen nun den Leib Jesu und wickelten ihn zusammen mit den wohlriechenden Salben in Leinenbinden ein, wie es bei einem jüdischen Begräbnis Sitte ist« (Joh 19,40). Johannes schildert eine ordnungsgemäße Bestattung, während nach Markus und Lukas die Frauen erst am Tag nach dem Sabbat zum Grab gehen, um die Salbung eines Leichnams nachzuholen, der schon den dritten Tag im Grab liegt.

Zu den Umständen der Bestattung gibt es viele offene Fragen. Über den genauen Ort der Bestattung wissen wir nichts. Die Gräber jener Zeit lagen außerhalb der Wohnorte auf privaten Grundstücken. Das Grab Jesu ist unbekannt, und drei Jahrhunderte lang scheint es niemand vermisst zu haben. Erst Eusebius berichtet, dass es im Jahre 326 unter einem Venustempel gefunden worden sei. Es war die Zeit, in der in den christlichen Gemeinden der Kult der Märtyrer, Heiligen und Reliquien aufblühte.

6.1.2 Das leere Grab

Der Apostel Paulus kennt noch keine Erzähltradition von der Auffindung des leeren Grabes Jesu. Eine solche Erzählung begegnet uns erst Jahrzehnte später, und zwar erstmals im Evangelium des Markus. Sie wird von den anderen Evangelisten übernommen, freilich nicht wortgleich.

Differenzen zeigen sich bereits bei den Namen der Frauen, die am Tag nach dem Sabbat das Grab Jesu aufsuchten. Nach Markus sind es drei, nach Matthäus nur zwei. Lukas nennt keine Namen und Johannes nur Maria von Magdala. Als Grund des morgendlichen Gangs zum Grab nennt nur Markus ausdrücklich das nachträgliche Salben. Der Stein, der die Gruft verschloss, war nach Markus, Lukas und Johannes bereits fortgewälzt, als die Frauen zum Grab kamen. Das wurde nach Matthäus durch ein Erdbeben und durch den Engel des Herrn bewirkt. Alle Frauen können sich vom leeren Grab überzeugen. Bei Markus und Matthäus wird es ihnen von einem Engel gedeutet, bei Lukas von zweien. Das Johannesevangelium erwähnt keinen Deuteengel.

Die Bibelwissenschaft hat nicht versucht, aus den vier unterschiedlichen Texten so etwas wie den »wahren Hergang« der Ereignisse am Ostermorgen zu rekonstruieren, denn sie stuft die Erzählung von der Auffindung des leeren Grabes übereinstimmend nicht als einen Bericht, sondern als eine apologetische (der Verteidigung dienende) Legende ein. Diese Legende wurde erst gebildet, nachdem die Auferstehung Jesu bereits feste Überzeugung der Christen war, aber von jüdischer Seite bezweifelt wurde. Für sich genommen, kann ein leeres Grab kein Beweis dafür sein, dass der darin Bestattete auferstanden ist. Für die von Jesu Auferstehung Überzeugten war es hingegen nur logisch, dass das Grab Jesu nach seiner Auferstehung leer sein musste. Der Neutestamentler G. Lüdemann fasst das Ergebnis der historischen Forschung so zusammen: »Aus dem ‹Dogma› wird Geschichte erst gefolgert. Daraus ist ehrlicherweise nichts, gar nichts für das historisch wirklich Geschehene zu gewinnen.« (Lüdemann 153)

Das gleiche gilt auch für die Geschichte von der Versiegelung und Bewachung des Grabes, die bezeichnenderweise nur im Matthäusevangelium steht, das von einem Judenchristen für Judenchristen geschrieben wurde. Im jüdischen Umfeld hatten sich nämlich die Christen mit dem Vorwurf auseinander-zusetzen, sie hätten den Diebstahl des Leichnams Jesu arrangiert, um seine Auferstehung glaubhaft zu machen. Dagegen setzten sich die Christen mit der Geschichte von den Grabeswächtern zur Wehr, der man ihren legendären Charakter leicht ansehen kann.

Es bleibt festzustellen, dass in keiner Version der Grabesgeschichte von irgendjemandem behauptet wurde, Zeuge der Auferstehung Jesu gewesen zu sein. Diese Behauptung taucht erst im apokryphen Petrusevangelium auf, das im 2. Jahrhundert, vermutlich in Syrien, verfasst wurde. Der Verfasser war mit der judenchristlichen Tradition vertraut und kannte die Legende von der Bewachung des leeren Grabes. In diesem Zusammenhang schreibt er: In jener Osternacht »erschallte eine gewaltige Stimme am Himmel. Und sie (die römischen Wachen am Grab) sahen die Himmel offen stehen und zwei Männer von dort in einem gleißenden Lichtschein herabkommen und dem Grabe sich nähern. Jener Stein, der vor den Eingang der Grabeshöhle gelegt worden war, geriet von selbst ins Rollen, wich zur Seite, das Grab öffnete sich und die beiden Jünglinge traten ein. Als nun jene Soldaten das sahen, weckten sie den Hauptmann und die Ältesten auf. Denn auch diese waren bei der Wache zugegen. Und während sie noch erzählten, was sie gesehen hatten, sehen sie fernerhin, wie drei Männer aus dem Grabe herauskommen, wie die zwei den einen stützen und ein Kreuz ihnen folgt, wie das Haupt der zwei bis zum Himmel reicht, das Haupt aber dessen, den sie an der Hand führen, den Himmel überragt ...« (Petr-Ev 13,57). Danach mündet die Geschichte in den synoptischen Text von der Auffindung des leeren Grabes. Hier werden nicht die Jünger als Zeugen der Auferstehung Jesu genannt, sondern die römischen Wachen, der Hauptmann und die jüdischen Ältesten. Indem man Heiden zu Zeugen der Auferstehung machte, begegnete man dem Einwand, die Christen hätten sich die Auferstehung Jesu nur eingebildet und diese mit der Geschichte vom leeren Grab lediglich vorgetäuscht.

Der Historiker kann feststellen: Nichts ist historisch an den Geschichten von der Auffindung des leeren Grabes und von deren Ergänzung durch die Bewachung des leeren Grabes, von der Bestechung der Wachen durch die Hohepriester und von den heidnischen Augenzeugen der Auferstehung Jesu im Petrusevangelium. Historisch ist allerdings der konkrete Anlass zu dieser Legendenbildung, nämlich der Zweifel der Gegner der Christen an der Auferstehung Jesu, der die Christen zu präventiven und apologetischen Reaktionen nötigte.

6.1.3 Die Erscheinungen in der überlieferten Formel von 1Kor 15,5–8

Nach der Formel, die Paulus bereits überliefert wurde, ist Jesus folgenden Personen erschienen: Kefas (Petrus), den Zwölf, mehr als fünfhundert Brüdern und Jakobus. Über Umstände, Orte und Inhalte dieser Erscheinungen wird hier nichts gesagt. Paulus stellt sich selbst an den Schluss dieser Reihe. Bei Petrus, den Zwölfen und Jakobus handelt es sich um Leitungspersonen in der Gemeinde von Jerusalem. Geschichtlich verbürgt ist die Leitung der Gemeinde von Petrus auf Jakobus, den Bruder Jesu, übergegangen.

Von Petrus wurde überliefert, dass er sich auf den Weg nach Getsemani entschlossen zeigte, mit Jesus in den Tod zu gehen (Mk 14,31), dass er aber im Vorhof des hohepriesterlichen Palastes bestritt, Jesus auch nur zu kennen. Von Jakobus wusste man, dass er zu Lebzeiten seines Bruders nicht zu dessen Jüngern gehört hatte. Für die Autorität der beiden als Leiter der Gemeinde war es aber wichtig, dass sie als Erstzeugen von Jesu Auferstehung ausgewiesen waren. Das gilt auch für das in seiner Funktion wenig greifbare Leitungsgremium der Zwölf. Das Erscheinen Jesu vor Petrus, Jakobus und den Zwölfen wurde nicht nur als Beweis seiner Aufer-

stehung verstanden, sondern zugleich als Auftrag, Bevoll-
mächtigung und Legitimierung zu leitendem Handeln. Das
reale Geschehen ist geschichtlich nicht greifbar. Historisch
aber ist der genannte Grund und die Funktion für die Über-
lieferung, dass Jesus gerade diesen Personen erschienen ist.

6.1.4 Das Selbstzeugnis des Paulus

Einen Anhaltspunkt dafür, wie man sich das Erscheinen Jesu
vorzustellen hat, lässt sich allenfalls im Selbstzeugnis des
Apostels Paulus finden (vgl. 4.2.5) und in den Berichten der
Apostelgeschichte (vgl. 4.2.6), die freilich aus zweiter Hand
stammen. Das dort Berichtete lässt sich aber nicht auf alle in
der überlieferten Formel genannten Personen übertragen. Da
Paulus sein Widerfahrnis auch als »Offenbarung« bezeichnen
kann, vermutet W. Marxsen, dass er den Begriff des Sehens
erst in Angleichung an den überlieferten Sprachgebrauch
auch für sich übernommen hat.

Medizinisch und psychoanalytisch ist über das Erschei-
nungserlebnis des Paulus viel spekuliert worden. Das muss
hier nicht ausgebreitet werden, da es zu keinen historischen
Erkenntnissen geführt hat. Historisch bleibt unbestreitbar,
dass Paulus selbst dieses wie auch immer geartete Erlebnis als
die große Wende in seinem Leben vom Verfolger Jesu zum
Zeugen seiner Botschaft verstanden hat. Gesichert ist ebenfalls, dass Paulus persönlich davon überzeugt war, dass ihm
in seinem Widerfahrnis von Damaskus der Auferstandene begegnet war. Über die tatsächliche Auferstehung Jesu kann
freilich auch diese persönliche Überzeugung nichts aussagen.

6.1.5 Die Erscheinung vor den fünfhundert

Die Zahl 500 meint »sehr viele« und sie sagt auch, dass sich
Jesus nicht nur ausgewählten Leitungspersonen als lebendig
erwiesen hat, sondern ganz normalen Menschen in großer
Zahl. Historisch unergiebig sind Spekulationen über eine

Massenekstase und Rauschzustände und fantasievolle Exkurse in die Massenpsychologie. Derlei Versuche befriedigen zwar die Neugier über außergewöhnliche Zustände von Menschen. Jedoch können weder psychische Massenerscheinungen noch die Überzeugung von vielen Menschen einen Tatsachenbeweis für die leibliche Auferstehung Jesu liefern, und zwar selbst dann nicht, wenn das von den Verfassern dieser Texte so verstanden wird.

6.1.6 Die Erscheinungen am leeren Grab

Schon bei den Texten des Paulus ist zu beobachten, dass er die Auferstehung Jesu nicht zu beweisen sucht, sondern diese als Denkmodell bereits voraussetzt. Das ist auch in den Erscheinungsgeschichten der Evangelien der Fall. Die Erscheinungen Jesu vor den Besuchern des leeren Grabes sagen schließlich nicht mehr, als die überlieferte Formel in 1Kor 15,5-8 schon ausdrückt, nämlich die Überzeugung, dass er auferstanden ist.

Markus setzt in seinem Evangelium die alte Bekenntnisformel in Erzählung um. Das entspricht der literarischen Darstellungsform seines Evangeliums. Die Frage, ob er die Transformation in eine Erzählform selbst geschaffen oder einen schon existierenden Erzähltext übernommen und in sein Evangelium lediglich integriert hat, muss hier nicht entschieden werden. Die Erscheinungsgeschichten erweisen sich gegenüber der Bekenntnisformel in allen Analysen als späte Bildungen.

Die Erzählung einer Erscheinung ist gegenüber einer knappen Bekenntnisformel zwar anschaulicher, hat aber für die Auferstehung Jesu keine stärkere Beweiskraft als diese. Die Variationen und Erweiterungen der markinischen Erscheinungserzählung durch die anderen Evangelisten zeigen nur an, dass Erzählungen bereits durch kleine Veränderungen flexibel in unterschiedliche Gesamtkonzepte eingebunden werden können und über das Bekenntnis zum Auferstandenen hinaus noch Botschaften des jeweiligen Evangelisten enthalten.

So nimmt Matthäus in seiner Erzählung von der Erscheinung Jesu vor den Jüngern in Galiläa das Motiv des Zweifelns auf: »Einige aber zweifelten« (Mt 28,17). Das Motiv des Zweifelns taucht bei Markus noch nicht auf, dafür aber sehr deutlich in der Erscheinung vor den Zwölfen in Lukas 24,36–49 und in der Thomas-Geschichte (Joh 20,24–29).

Historisch betrachtet, werden in den Erscheinungsgeschichten der Evangelien auch Probleme der zweiten und dritten Generation zur Sprache gebracht und gelöst. Der Neutestamentler F. Zeilinger fasst seine Beobachtungen so zusammen: »Der Geniestreich des Markus, das Grundbekenntnis der Kirche (1Kor 15,3–5) in erzählerische Formen zu gießen, löste, wie die späteren Evangelien beweisen, eine literarische Wirkungsgeschichte aus.« Bei den Varianten und Neuschöpfungen der anderen Evangelisten handelt es sich »nicht um jeweils verbesserte und erweiterte Protokolle, sondern um Glaubensverkündigungen gläubiger Autoren für gläubige Leser. Die historische Frage, wie es nun ‹wirklich› war, scheitert an der Variierbarkeit von Epiphanie-Erzählungen.« (Zeilinger 181f)

6.2 Theologische Beobachtungen

6.2.1 Glaube gründet nicht in Wahrheitsbeweisen

Für alle Verfasser der biblischen Texte ist die Auferstehung Jesu feste Überzeugung und nicht etwas, das sie sich selbst erst beweisen müssten. Auch dort, wo sich Texte in apologetischer Absicht gegen Vorbehalte richten oder Gerüchte abwehren, argumentieren sie nicht auf die Auferstehung Jesu hin, sondern bereits von dieser her. Lukas zeigt in der Emmaus-Geschichte (Lk 24,13–35) und in der folgenden Erzählung der Erscheinung Jesu vor allen Jüngern (Lk 24,36–43), dass Kenntnis vom leeren Grab zu haben, allein noch nicht zum Glauben an die Auferstehung Jesu geführt hat. Die Thomas-Geschichte (Joh 20,24–29) verdeutlicht, dass auch die Beteuerung aller Jünger, den Auferstandenen gesehen zu haben, den Glauben des Einzelnen nicht hervorzubringen vermag. Der Glaube des Einzelnen lässt sich weder durch vermeintlich logische Wahrheitsbeweise begründen noch besteht er darin, an die Überzeugungen anderer zu glauben.

6.2.2 Die Auferstehung Jesu selbst ist nirgendwo Thema

Mit den Bibelwissenschaftlern können wir zusammenfassen, »dass die Auferstehung selbst an keiner Stelle in den Blick kommt. Darin ist die gesamte Tradition einheitlich: Nirgendwo wird behauptet oder dargestellt, dass irgendjemand Zeuge der Auferstehung gewesen sei. Immer handelt es sich um Begegnungen mit Jesu nach seinem Tode. Die setzen natürlich voraus, dass zwischen der Kreuzigung Jesu und diesen Begegnungen etwas passiert ist.« (Marxsen 68,69) Nirgendwo wird freilich geschildert, *was* in dieser Zeit *mit Jesus geschehen ist*. Vielmehr wird in unterschiedlicher Weise *von Menschen bezeugt, was mit ihnen selbst geschehen ist*: dass sich ihnen nämlich der Gekreuzigte als lebendig *erwiesen* hat. Aus dieser Erfahrung wird der Schluss gezogen, dass der tote Jesus auferstanden sein muss.

6.2.3 Was die Begegnung mit Jesus bewirkt

Wie unterschiedlich auch immer die Begegnung mit Jesus nach seinem Tod geschildert werden mag, entscheidend ist stets der Impuls, der sich aus dieser Begegnung für das Leben des Einzelnen ergeben hat. Paulus drückt das für sich selbst so aus: »Durch Gottes Gnade aber bin ich, was ich bin« (1Kor 15,10), nämlich Botschafter und Zeuge jenes göttlichen Geistes, der sich in Leben und Wirken Jesu in konkreter Gestalt gezeigt hat. Für Paulus war das Damaskus-Erlebnis der Impuls, sein eigenes Leben ganz in den Dienst des von göttlichem Geist erfüllten Menschseins zu stellen, das in Jesus schon Wirklichkeit geworden war. Das ist die historische Lebensrealität, die im Damaskus-Erlebnis lediglich ihren zeitgeschichtlich gebundenen Ausdruck gefunden hat.

Im Brief an die Galater sagt es Paulus noch deutlicher, dass es nämlich Gott »gefiel, mir seinen Sohn zu offenbaren, dass ich ihn unter den Völkern verkündige« (Gal 1,16f). In der Apostelgeschichte ergibt sich alle Missionstätigkeit aus diesem Impuls. Nach dem Bericht über das Damaskus-Erlebnis des Paulus heißt es: »Er blieb nur wenige Tage bei den Jüngern in Damaskus und verkündigte sofort in den Synagogen, dass Jesus der Sohn Gottes sei« (Apg 19,9f). Nach dem zweiten Bericht des Lukas sollte ein Jünger namens Ananias dem Paulus eröffnen, was Gott mit dem Damaskus-Erlebnis mitteilen wollte. Dieser Ananias sagte: »Der Gott unserer Väter hat dich dazu bestimmt, seinen Willen zu erkennen ... denn du wirst sein Zeuge sein vor allen Menschen für das, was du gesehen und gehört hast« (Apg 22,14f). Im dritten Bericht der Apostelgeschichte zum Damaskus-Geschehen lässt Lukas Jesus selbst zu Paulus sprechen: »Ich bin dir erschienen, um dich zu erwählen zum Diener und zum Zeugen für mich ... Du sollst ihnen die Augen öffnen, dass sie sich von der Finsternis zum Licht, von der Macht des Satans zu Gott hinwenden« (Apg 26,16–18).

Sobald man erkannt hat, dass es in den Erscheinungsgeschichten nicht um die Auferstehung Jesu als solche geht, sondern um den Impuls für das Leben derer, die einem lebendigen Jesus begegnet sind, werden wir diese Blickänderung auch in den Erscheinungsgeschichten des Evangeliums wahrnehmen. Im Matthäusevangelium erscheint Jesus den elf Jüngern ein letztes Mal in Galiläa. »Und Jesus trat zu ihnen und sprach: Mir ist alle Macht gegeben im Himmel und auf Erden. Geht nun hin und macht alle Völker zu Jüngern« (Mt 28,18f). Nach Lukas erscheint Jesus den versammelten Jüngern zuletzt in Jerusalem. Er öffnet ihnen den Sinn für die Schriften, weist darauf hin, dass in seinem Namen allen Völkern die Umkehr zur Vergebung der Sünden verkündigt werden wird, und sagt: »Ihr seid Zeugen dafür« (Lk 24,48). Das Markusevangelium enthält in seiner ursprünglichen Fassung keine Erscheinungsgeschichten. Im Nachtragskapitel aus späterer Zeit finden wir hingegen den Impuls-Hinweis gleich zweimal. Es heißt: »Zuletzt zeigte er sich den elfen als sie bei Tisch saßen ... und er sagte zu ihnen: Geht hin in alle Welt und verkündigt das Evangelium aller Kreatur« (Mk 16,14f). Im Hinweis auf die Himmelfahrt Jesu wird gesagt: »Nachdem nun der Herr, Jesus, zu ihnen geredet hatte, wurde er in den Himmel emporgehoben ... Sie aber zogen aus und verkündigten überall« (Mk 16,19f).

Wenn die Erscheinungsgeschichten in erster Linie gar nicht auf den Tatbestand der Auferstehung Jesu als Person zurückweisen, sondern auf das Fortleben der Botschaft Jesu in seinen Zeugen vorausweisen, so stellt sich die Frage, ob das Stichwort »Auferstehung Jesu« nicht auf eine ganz andere Aussage zielt als auf das Ergehen des Gekreuzigten nach seinem Tod. Dieser Faden wird in 9.2.2ff wieder aufgenommen.

7 Die zwei Weisen, von der Auferstehung Jesu zu sprechen

7.1 Die Auferstehung der Person als Denkmodell

Religiöse Gedanken und Erkenntnisse kommen stets im Weltverständnis und in den vertrauten Denkmodellen der jeweiligen Kultur und Zeit zur Sprache. Der Gedanke eines Auferstehens zu einer erneuerten und verklärten Existenz des ganzen Menschen existierte bereits in vielen Varianten vor der Zeit Jesu und auch zeitgleich in den Israel benachbarten Kulturen und Religionen. Der babylonische Gott Marduk, der phönizische Gott Esmun, der griechische Asklepios konnten Tote lebendig machen. Die Götter der Mysterienkulte von Eleusis, Samothrake und der Vegetationsgott Dionysos waren Götter, die starben und zu neuem Leben auferstanden, desgleichen die kleinasiatischen Gottheiten Attis und Kybele, die ägyptische Isis und der Osiris, der syrische Adonis und der persische Mithras. Im orientalischen und römischen Kaiserkult kannte man die Apotheose, die Vergöttlichung eines verstorbenen Herrschers. Entrückungen von lebenden Personen in einen anderen Seinsbereich erzählte man sich im Judentum von Henoch, Mose und Elija, in Griechenland von Menelaos, Ganymed, Herakles und Alexander.

Wenn sich nun ein Mensch, der nachweislich tot war, in Erscheinungen als leiblich gegenwärtig zeigt, so sucht, wem das widerfahren ist, nach einer plausiblen Erklärung. Dazu bedient er sich der ihm vertrauten Denkmodelle. Da der Gedanke der Auferstehung im jüdischen Volksglauben des 1. Jahrhunderts bereits fest verankert war, lag es nahe, die wie immer gearteten Erscheinungen in eben diesem Modell der Auferstehung zu deuten und auszudrücken. Dabei geht es stets um ein *Deutungswissen*, das durch »reflektierende Interpretation«

(Marxsen) gewonnen wurde, d. h. um die plausible Erklärung einer Erfahrung.

Grundlage dieser gedeuteten Erfahrung sind jene vielfältigen Widerfahrnisse, für die sich in der biblischen Tradition die Begriffe »er zeigte sich«, »er ließ sich sehen« (*phte* – vgl. 4.1), »er erschien« eingebürgert haben. Diese Begriffe legen freilich auf die Frage fest, was mit Jesu Person nach deren Tod geschehen ist. Die Reflexion auf die Person Jesu kreist um Seinsfragen: Wer ist Jesus als Person? Wie verbinden sich Menschliches und Göttliches in ihm? Was ist nach seinem Tod mit ihm geworden? Wo hält er sich jetzt auf? Wie wirkt er aus seiner jetzigen Seinsweise in unsere Welt und in unser Leben hinein? Diese Fragen werden in der Theologie unter dem Stichwort »Christologie« (Lehre von Jesus als dem Christus) verhandelt.

Alle nachösterlichen Äußerungen der Bibel drücken eines gemeinsam aus: Jesus lebt! Die Frage ist freilich, *wie* er lebt, in welcher Weise er lebendig ist. Die Ostertexte zeigen, dass die Antworten in zwei verschiedene Richtungen weisen.

7.2 Die christozentrische Rede von der Auferstehung Jesu

7.2.1 Der kausale Schluss vom Bewirkten auf einen Bewirker

Folgt man im gegenständlichen Denken der Antike der kausalen Logik, so ist der Gedanke unabweisbar, dass jemand, der gestorben ist und sich nach seinem Tod leibhaftig zeigt, wieder zum Leben erweckt und auferstanden sein muss. Bezweifeln kann man nur die Behauptung, dass der Auferstandene tatsächlich jemandem leibhaftig erschienen ist. Aber eben diese Behauptung wird in Bezug auf Jesus in vielstimmiger Weise bezeugt, allerdings nur von Menschen, die sich als Glaubende im Sinne der Jünger Jesu verstehen. Diese Menschen erfahren sich von dem Erscheinungs-Erlebnis an, das als ein Sehen oder als ein Erscheinen Jesu bezeichnet wird, als von Jesu Geist erfüllt und mit seiner Botschaft in die Welt gesandt. Im gegenständlich-kausalen Denken kann das nur heißen: Es kann nur der auferstandene Jesus gewesen sein, der uns nach der Enttäuschung und Resignation, die der Karfreitag bei uns ausgelöst hatte, auf diesen von Freude und Zuversicht erfüllten Weg gebracht hat. So wird die Person Jesu nicht nur zum Mittelpunkt der Reflexion über den Glauben; Jesu Person wird auch zum Inhalt des Glaubens. Das ist in den Ostertexten des Paulus und der Synoptiker zwar noch nicht ausgeführt, aber darin bereits angelegt.

7.2.2 Die christozentrische Deutung in der Apostelgeschichte

In der Schlusspasssage des Lukasevangeliums deutet sich an, dass vor allem die christozentrische Deutung der Auferstehung Jesu weiterverfolgt wird. Lukas schließt die Jesus-Geschichte in seinem Evangelium mit dem Hinweis auf Jesu Himmelfahrt (Lk 24,50f) und eröffnet die Apostelgeschichte mit eben diesem auf Christus bezogenen Ereignis: »Ihr werdet aber die Kraft empfangen, wenn der heilige Geist über euch kommt und ihr werdet meine Zeugen sein ... bis an die Enden der Erde. Und als er dies gesagt hatte, wurde er vor ihren Augen emporgehoben und eine Wolke nahm ihn auf und entzog ihn ihren Blicken« (Apg 1,8f).

Dieser Vorgang entspricht religionsgeschichtlich einer Entrückung. Er kann auch »Erhöhung« genannt werden (Phil 2,9) oder »aufgenommen in Herrlichkeit« (1Tim 3,16) oder »Hinaufgehen zum Vater« (Joh 20,17). Die Himmelfahrt-Vorstellung wird seit etwa 370 als Himmelfahrts-Ereignis vierzig Tage nach Ostern kultisch gefeiert.

In der Apostelgeschichte gilt die Tatsache der Auferstehung Jesu bereits als die Grundlage der christlichen Botschaft und als Sieg über den Tod. Das zeigen die Missionsreisen des

Petrus und des Paulus, in denen die christozentrischen Denkweisen des Lukas zum Ausdruck kommen.

7.2.3 Die Ausgestaltung der christozentrischen Interpretation im 1. Petrusbrief

Der Verfasser des 1. Petrusbriefes ist uns nicht bekannt. Der Brief gibt sich als Mahnschreiben und ist nur wenig später als die Apostelgeschichte um 100 unter dem Namen des Petrus geschrieben worden. Die Auferstehung Jesu ist im Bewusstsein des Verfassers bereits ein fest eingeführter Begriff und eine Art Lehrgegenstand des christlichen Glaubens, den man als Argumentationsgrundlage für weitere Aussagen benutzen kann. So heißt es, »dass wir nun *durch* die Auferstehung Jesu Christi von den Toten eine lebendige Hoffnung und Aussicht auf ein unzerstörbares, unbeflecktes und unverderbliches Erbe haben, das im Himmel aufbewahrt ist für euch« (1Petr 1,3f). Hier erscheint es nicht mehr nötig, die Auferstehung Jesu durch Zeugen beglaubigen zu lassen.

Wurde die christozentrische Bedeutung der Auferstehung Jesu von Lukas durch die Himmelfahrt Jesu erweitert, so geschieht das im 1. Petrusbrief durch seine Höllenfahrt. Wir lesen: »So ist er auch zu den Geistern im Gefängnis hinabgefahren und hat ihnen die Botschaft verkündigt« (1Petr 3,19). Das drückt die Vorstellung aus, dass Jesus zwischen Tod und Himmelfahrt oder Auferstehung die Toten im Hades aufgesucht und ihnen die gute Botschaft gebracht hat: Ihr seid aus dem Gefängnis des Todes frei.

Der Glaube an den Abstieg Jesu in das Reich des Todes ist im apostolischen Glaubensbekenntnis ab 370 nachweisbar, und zwar in der Form *descendit ad inferos* (hinabgestiegen zu den Toten in der Unterwelt) oder *descendit ad inferna* (hinabgestiegen in die Hölle). In der gegenwärtigen Fassung des Apostolikums heißt es: »Hinabgestiegen in das Reich des Todes«. Das wurde im dreistöckigen Weltmodell der Antike realistisch räumlich verstanden. Die Reformatoren haben dieses Reich des Todes nicht mehr räumlich-realistisch, sondern in einem existenziellen Sinn verstanden, und zwar als Befreiung zum Leben aus Gottverlassenheit und aus der Verfallenheit an die Zwänge unserer Todeswelt. Bei der realistischen Vorstellung blieb der genaue Zeitpunkt der Hadesfahrt offen.

7.2.4 Die Auferstehung Jesu in der alten Kirche

Um 100 galt die Auferstehung allenthalben als feststehende christliche Lehre, und sie wurde zur Basis für weitere Heilszusagen. Das ist sogar schon vor 100 im Hebräerbrief festzustellen und vor allem in den beiden Briefen des Timotheus und im Titusbrief deutlich bekundet, die zu Beginn des 2. Jahrhunderts verfasst wurden. In der alten Kirche war die Auferstehung Jesu kein eigenes Thema der dogmatischen Reflexion. Der Auferstehungsgedanke war allerdings im Gottesdienst in der Gestalt der Eucharistiefeier lebendig. Die nur von Lukas eingebrachte Geschichte von der Himmelfahrt Christi, die dessen irdisches Erscheinen beendet, wurde hingegen lange Zeit nicht beachtet. Erst in der Auseinandersetzung mit den Gnostikern und im 4. und 5. Jahrhundert in der Zeit der christologischen Klärungen spielte die leibliche Auferstehung Jesu wieder eine Rolle.

7.3 Die wirkungsbezogene Rede von der Auferstehung Jesu

Im Gegensatz zu der christozentrischen Bedeutung der Auferstehung Jesu deutet Paulus bereits in seiner ältesten Äußerung zu seinem Damaskus-Widerfahrnis in eine andere Richtung. Er sagt, dass es Gott »gefiel, mir seinen Sohn zu offenbaren, *dass ich ihn unter den Völkern verkündige*« (Gal 1,15f). Die Offenbarung vor Damaskus versteht er nicht als Auskunft über die Person Jesu, sondern als ein Offenbarwerden dessen, wofür ihn, Saulus/Paulus, dieses Widerfahrnis frei und starkgemacht hat, nämlich dafür ein Zeuge des Lebens Jesu zu sein. Das gleiche Verständnis der Erscheinungen finden wir auch in den Ostertexten der Evangelien. »Die österlichen Kollektivvisionen werden als Beauftragungen verstanden. Ostern ist damit als die Anteilgabe insbesondere an der Sendung des Herrn aufgefasst.« (Berger 179) Das kommt besonders deutlich im Johannesevangelium zum Ausdruck, wo Jesus den Jüngern erscheint, ihnen seine Wundmale zeigt und sagt: »Wie mich der Vater gesandt hat, so sende ich euch« (Joh 20,21).

7.3.1 Die österlichen Erscheinungen Jesu als das Offenbarwerden seines Geistes

Das Damaskus-Widerfahrnis brachte Paulus also keine geheime Kunde über das Wesen und die Seinsweise Jesu, sondern verdeutlichte ihm die neue Möglichkeit, so Mensch zu sein, wie es Jesus war. Anders gesagt: Im Damaskus-Widerfahrnis erschliesst sich Paulus jener Geist, von dem Jesus erfüllt und geleitet war, als die eigene Lebensmöglichkeit. Indem Paulus sich von diesem Geist erfassen lässt, wird ihm Jesus als »Sohn Gottes« offenbar, d. h. als der, der aus Gottes Geist lebt. »Denn die vom Geist Gottes getrieben werden, das sind Söhne und Töchter Gottes« (Röm 8,14). In dem Geist, den Jesus lebt, zeigt sich Paulus und uns, sieht er und sehen wir den Geist Gottes als menschliche Lebenswirklichkeit bereits konkret werden. Das kann Paulus den Galatern so veranschaulichen: »Die Frucht des Geistes ist Liebe, Freude, Frieden, Geduld, Güte, Rechtschaffenheit, Treue, Sanftmut, Selbstbeherrschung« (Gal 5,22f). Paulus verwendet die Worte »Gott«, »Herr« und »Geist« weithin sinngleich. So kann er die Existenzweise Jesu als Geist verstehen. »Der Herr aber, das ist der Geist« (2Kor 3,17). Da dieser göttliche Geist schon im Leben und Wirken Jesu gegenwärtig war, gilt Jesus als der »Erstling«, die erste Verkörperung des göttlichen Geistes in der Menschenwelt. An Jesus zu glauben, heißt nicht, irgendwelchen

Lehren über ihn anzuhängen, sondern im eigenen Leben an seinem Geist teilzuhaben und selbst aus diesem Geist zu leben. »Wer aber dem Herrn anhängt, der ist ein Geist mit ihm« (1Kor 6,17). Es ist jener Geist und »Glaube, der sich durch die Liebe als wirksam erweist« (Gal 5,6).

Diesem in seinen Begriffen noch nicht festgelegten Sprachgebrauch ist zu entnehmen, dass der Geist als die Kraft verstanden wird, die sich in Jesus erstmalig gezeigt hat und die sich als Glaube ständig neu manifestiert. Mit Geist verbindet die frühe Christenheit eine Art von impulsgebender Kraft, die von Gott ausgeht und in der Gott dem Menschen erfahrbar wird. Bereits im Johannesevangelium nimmt der Geist als »Paraklet« (Fürsprecher, Beistand) personale Gestalt an. Im Konzil von Konstantinopel 381 wird dieses göttliche Geistgeschehen endgültig als göttliche Person definiert und so als Dogma festgeschrieben. Der geschichtliche Prozess, der zu dieser Personalisierung des Geistes geführt hat, wird an anderer Stelle noch zur Sprache kommen.

7.3.2 Wie ist Jesus nach seinem Tod lebendig?

Das christozentrische Reden über den nachösterlichen Jesus sucht spekulative Antworten auf die Fragen über sein nachösterliches Sein und Wirken. Die wirkungsbezogene Redeweise fragt hingegen, was Jesu Leben und was seine Erscheinungen ausgelöst haben, was der von ihm gelebte Geist angestoßen, uns eröffnet, bei uns bewirkt hat und wie und wo dieser Geist, d.h. er selbst, auch nach seinem Tod in denen, die aus seinen Impulsen leben, weiterhin als Liebe konkret wird.

Das Leben des zum Paulus gewordenen Saulus illustriert, wie Jesu Geist lebendig geblieben ist. Die gesamte Apostelgeschichte beschreibt, wie und wo Menschen diesen Geist Jesu gelebt, bezeugt, lebendig gehalten und weitergegeben haben. Die Kirchengeschichte verdeutlicht bis heute, wie dieser Geist in seinen Zeugen als die Kraft der Liebe lebt. Sie verdeutlicht freilich auch, wo er missbraucht, verraten und verleugnet werden kann und auch wurde.

7.4 Andere Ausdrucksformen

In biblischer Zeit gibt es noch keine vorherrschende oder normative Ausdrucksform für die in der Erfahrung gegründete Gewissheit, dass Jesus lebt. In den Erscheinungsgeschichten der synoptischen Evangelien mag die im apokalyptischen Denken beheimatete christozentrische Auferstehungsvorstellung dominieren. Die wirkungsbezogene Ausdrucksform ist aber auch bereits hier in den Sendungsworten präsent. Das Christuslied in Phil 2,5–11 kennt das Modell der leiblichen Auferstehung nicht. Hier und auch im Hebräerbrief stellt man sich eine Erhöhung in die himmlische Welt vor. Das Johannesevangelium in seiner Urfassung, das sich an Menschen mit gnostischem Hintergrund richtete, vermeidet die Bezeichnung »Auferstehung« sogar. Eine Vorstellung leiblicher Auferstehung wurde erst später von einer kirchlichen Redaktion in die ursprüngliche Johannes-Fassung eingetragen, was den unbefangenen Leser des Johannesevangeliums sehr verwirren kann. Im Laufe der Jahrhunderte hat sich das Anschauungsmodell schließlich durchgesetzt und bis zum Dogma als Faktenaussage verfestigt.

7.5 Auswertung

7.5.1 Anschauungsformen sind historisch bedingt

Alle christozentrischen Anschauungsformen für die in der Erfahrung gegründete Gewissheit, dass Jesus lebt, sind Denkmodellen geistlicher Strömungen des 1. Jahrhunderts entnommen. Sie beziehen ihre Plausibilität und Überzeugungskraft aus ihrem kulturellen Kontext. Sie verlieren diese aber wieder mit dem kulturellen Wandel und außerhalb ihrer Ursprungskultur. So kann es nicht verwundern, dass sich gegenwärtig nur etwa 10 Prozent der erwachsenen Deutschen eine leibliche Auferstehung von den Toten vorstellen können (Jörns 186).

7.5.2 Überzeugung kann keine Tatsachen erschaffen

Historisch fassbar ist nur die Überzeugung von Anhängern Jesu, dass der Getötete lebt. Die Interpretation dieser Überzeugung als *leibliche* Auferstehung Jesu vermag aber keine Tatsache zu erschaffen, und zwar selbst dann nicht, wenn diese Interpretation zum kirchlichen Dogma geworden ist. Die Bibelwissenschaft warnt und mahnt daher: »Die christliche Theologie kann und darf also keineswegs von der Auferstehung Jesu ausgehen, sie kann nicht von ihr als ihrer angeblichen Mitte aus argumentieren, sondern es ist genau umgekehrt. Es ist gerade zu fragen, mit welchem sachlichen Recht überhaupt christlich von der Auferstehung Jesu gesprochen werden darf.« (Marxsen 64,34)

7.5.3 Die Sprache des Glaubens muss flexibel sein

Die unterschiedlichen Anschauungsformen der Bibel für die Aussage, dass Jesus lebt, verdeutlichen, dass es hinsichtlich der Person Jesu weder normative noch ewig gültige, sprachlich verfasste Wahrheiten geben kann, sondern nur deutende Bilder, Metaphern, Symbole in den unterschiedlichen kulturgebundenen Denkmodellen. Die Anschauungsform darf nicht zum Inhalt des christlichen Glaubens erhoben werden. Anders gesagt: Christlicher Glaube fordert nicht die Zustimmung zu den Denkmodellen, Vorstellungen und Überzeugungen der biblischen Zeugen oder der kirchlichen Synoden, sondern er setzt sich der darin ausgedrückten Lebenswirklichkeit aus und sucht dafür in der eigenen Kultur nach der angemessenen Sprache. Damit der Kern des christlichen Glaubens lebendig und sichtbar bleibt, muss die Sprache dafür schöpferisch und flexibel bleiben.

8 Die Auferstehung der Toten

8.1 Biblische Texte und frühe Kirche

In den biblischen Texten kommt die Auferstehung der Toten ohne eine Verbindung zur Auferstehung Jesu zur Sprache. Eine Brücke zwischen beiden wird von Lukas in dem Gedanken angedeutet, dass Jesus der Erste ist, der von den Toten aufersteht (Apg 26,23). Der Apostel Paulus verbindet den Erstlingsgedanken in 1Kor 15 mit dem Urmenschen-Mythos. Danach kamen durch Adam Sünde und Tod in die Welt. Paulus entwickelt daraus seine Adam-Christus-Typologie, die sagt: »Da nämlich durch einen Menschen (Adam) der Tod kam, kommt auch durch einen Menschen (Christus) die Auferstehung der Toten« (1Kor 15,21).

In den nachapostolischen Schriften (2Tim 4,1 und 1Petr 4,5) wird auf den wiederkommenden Christus hingewiesen, der über Lebende und Tote Gericht halten wird. Die Hoffnung auf eine Auferstehung der Toten bleibt in das apokalyptische Denkmodell eingebunden, in welchem die Auferstehung für das Endgericht erforderlich ist.

In der alten Kirche vor Konstantin dem Großen galt die Auferstehung der Toten als selbstverständlich, spielte aber in der theologischen Debatte keine besondere Rolle, da diese Vorstellung auch von der heidnischen Umwelt als Möglichkeit nicht infrage gestellt wurde. Der Kirchenhistoriker Eusebius von Cäsarea überliefert, dass Konstantin, der erste christliche Kaiser, wie ein »göttlicher Augustus« verehrt worden und nach seinem Tod zum Himmel gefahren sei.

8.2 Umbildungen des Auferstehungsverständnisses

8.2.1 Die Apologeten leiten die Hellenisierung ein

Bereits im 2. und 3. Jahrhundert begann mit den Apologeten (Verteidigern des christlichen Glaubens) in vielfacher Hinsicht eine Umbildung des christlichen Glaubens. Die Apologeten wollten den christlichen Glauben in der hellenistischen Welt nicht nur verteidigen, sondern auch verständlich machen. Das konnte nur gelingen, indem sie den Gehalt des christlichen Glaubens in die der hellenistischen Kultur vertrauten Denkformen, Bilder und Symbole übersetzten. Schon Justin der Märtyrer († 165), der als Philosoph tätig war, ehe er Christ wurde, suchte das Christentum als eine aufgeklärte Philosophie darzustellen. Dabei verwandelte sich Jesu gelebte Botschaft vom Anbrechen des Reiches Gottes in eine Lehre über Gott und Jesu Ruf, mit dem eigenen Leben an Gottes Reich teilzuhaben, stellte sich als Zustimmung zu einer Lehre dar. Der wichtigen Einsicht, dass sich religiöse Inhalte nur in einer Sprache vermitteln lassen, die den Adressaten vertraut ist, folgten die Apologeten so sorglos, dass die christliche Botschaft zu einem Lehrsystem umgestaltet wurde, das den Lehrsystemen der damaligen Philosophie entsprach und mit diesen konkurrieren konnte.

So wurde aus dem einen Gott, dessen Liebe Jesus als Lebensform offenbar machte, der monotheistische Gottesgedanke des Platonismus. Jesus wurde mit dem philosophischen Logos im Sinne der griechischen Weltvernunft gleichgesetzt. Ausgestattet mit der Autorität der Weltvernunft wurde er als Lehrer der Menschen verstanden, der auch die Vollmacht hatte, die Gesetze des richtigen Handelns zu verkünden.

8.2.2 Der Einfluss der griechischen Gottesspekulation

In der griechischen Kultur entwickelte sich bereits seit dem 6. Jahrhundert v. Chr. in der Auseinandersetzung mit dem

Polytheismus eine philosophische Denkweise, die auf einen monotheistischen Gottesgedanken hinauslief. Die Basis für dieses Denken war nicht die menschliche Erfahrung mit dem Göttlichen, sondern war ein rein geistiger Erkenntnisprozess. Geschichtswirksam für Europa und das spätere Christentum wurde vor allem die spekulative Gotteslehre Platons (427–347 v. Chr.) und seiner Nachfolger. In deren Denken war Gott die höchste Idee im Sinne einer letzten Wirklichkeit, in der alles Sein seinen Grund hat. Das Interesse der Platoniker galt nicht der persönlichen Erfahrung mit dem Göttlichen, sondern der durch Denken gewonnenen Erkenntnis des Wesens und der Seinsweise Gottes.

Als das Christentum aus der jüdischen in die hellenistische Welt des Römischen Reiches eintrat, musste es sich in den dort vertrauten Denkformen verständlich machen. Vom 3. bis im 5. Jahrhundert wurde der Gehalt des christlichen Glaubens in Auseinandersetzung mit anderen Sinnkonzepten in deren begrifflichem Rahmen und mit den damaligen philosophischen Mitteln der Zeit ausgeformt. Das geschah vor allem im griechischen Sprachraum und weitgehend mit den Begriffen, Denkstrategien und Methoden der von der platonischen Philosophie geprägten geistigen Strömungen.

Wie nachhaltig dieser Hellenisierungsprozess das Gottesverständnis des Christentums geprägt hat, lässt sich an Anselm von Canterbury (1033–1109), dem führenden Theologen seiner Zeit veranschaulichen. Er definierte Gott als ein »Sein, über das hinaus nichts Größeres *gedacht* werden kann« und sprach von Gott – gut platonisch – als vom »höchsten Sein«, vom »höchsten Geist«, vom »Guten als solchem«. Die spekulative Rede über Gott war zum Standard der christlichen Theologie geworden. Diese Tendenz wurde in der westlichen Christenheit noch verstärkt, als die Schriften des Platonschülers Aristoteles (384–322 v. Chr.) im Westen bekannt wurden und als dessen Gottesverständnis und philosophische

Methode von Thomas von Aquin (1224/25–1274) zur Grundlage theologischen Denkens gemacht wurde. Aristoteles fragte nach dem letzten Ursprung dessen, was ist. Indem er die kausale Logik über den erfahrbaren Bereich hinaus anwendete, kam er zu dem Schluss, dass alles, was ist, auf ein erstes und einziges Verursachendes zurückzuführen sei, das selber unbewegt, außerräumlich und immateriell sein müsse. Gott ist nach Aristoteles *denk*-notwendig.

Dieser aus logischem Denken erschlossene theistisch gefärbte Monismus der griechischen Philosophie hat sich seit Thomas auf vielfache Weise spekulativ mit dem biblischen Monotheismus verbunden. Er ist bis in die Gegenwart sogar dort aktuell, wo in pantheistischen, panentheistischen und deistischen Äußerungen aus der Herrlichkeit und unergründlichen Logik und Vielfalt der Welt ein überirdischer, schöpferischer und ordnender Geist als denknotwendig erschlossen und erkannt wird, aber ein biblisches Gottesverständnis zurückgewiesen wird. Dieses biblische Gottesverständnis, das nicht in abstrakten Denkprozessen, sondern im Wagnis des eigenen Lebens gegründet ist, formuliert M. Luther (1483–1546) im großen Katechismus 1529 so: »Einen Gott haben heißt, etwas haben, darauf das Herz gänzlich trauet.«

8.2.3 Der Einfluss des griechischen Menschenverständnisses
Die Wirkung des griechischen Denkens auf das Verständnis von Auferstehung zeigt sich erst im Zusammenhang mit der Anthropologie (Lehre vom Menschen). Judentum und biblisches Christentum sprechen vom Menschen stets in ganzheitlicher Sicht. Die Bezeichnungen »Seele«, »Geist«, »Herz« und »Leib« bezeichnen nicht einzelne Teile des Menschen; sie charakterisieren den ganzen Menschen in unterschiedlicher Hinsicht. Danach lebt der Mensch als ganzer, er stirbt als ganzer und er wird als ganzer auferstehen.

Platons Verständnis des Menschen ist in sein Ideenkonzept eingebunden. Diese Ideen sind für ihn die wahre Wirklichkeit des Seienden. Die Seele gehört dem Bereich der Ideen an und sie ist daher das eigentliche Sein des Menschen. Als das Prinzip des menschlichen Lebens ist sie wie alle Ideen jenseitig, unzerstörbar, unsterblich, ewig und von göttlichem Wesen. Diese im Göttlichen beheimatete Seele geht mit dem materiellen menschlichen Leib eine nur zeitliche Verbindung ein. Löst sich der Leib im Tod auf, so löst sich nur die Verbindung der Seele mit dem Leib auf; die Seele aber bleibt. Der Gedanke der Unsterblichkeit der Seele setzt also ein dualistisches Menschenverständnis voraus, das biblischem Denken fremd ist.

Dennoch hat bereits der von neuplatonischem Denken geprägte Origenes von Alexandrien (185–254) die biblische Auferstehungsvorstellung durch die Lehre von der Unsterblichkeit der Seele ersetzt. Er sagte wie die Platoniker: »Unsterblich wohnt die Seele im sterblichen Zelt«. Die Theologie der orthodoxen Kirche hat diesen Gedanken beibehalten. In der westlichen Kirche nahm Augustinus (354–430) die neuplatonische Auferstehungslehre auf und brachte den biblischen Auferstehungsglauben darin unter.

8.2.4 Das gegenwärtige Auferstehungsverständnis

In dem von Benedikt XVI. verabschiedeten »Kompendium des Katechismus der Katholischen Kirche« von 2005 ist das Auferstehungsverständnis folgendermaßen festgeschrieben: »Durch den Tod wird die Seele vom Leib getrennt. Der Leib fällt der Verwesung anheim. Die Seele, die unsterblich ist, geht dem Gericht Gottes entgegen und wartet darauf, wieder mit dem Leib vereint zu werden, der bei der Wiederkunft des Herrn verwandelt auferstehen wird.« (KKKK 205) Hier ist in das apokalyptische Grundmodell des Judentums die griechische Lehre von der Unsterblichkeit eingetragen und in ein realistisches Auferstehungsverständnis des Leibes eingebunden worden.

Der Volksglaube verbindet mit »Auferstehung« allenfalls noch die vage Vorstellung einer unsterblichen Seele, in der der Mensch über seinen Tod hinaus irgendwie weiterexistiert. Der apokalyptische Gedanke eines Jüngsten Gerichts ist weithin verloren gegangen. Ein Zusammenhang des persönlichen Fortlebens mit der Auferstehung Jesu wird nicht mehr gesehen. Die Hoffnung auf ein Fortleben nach dem Tod hat sich bei denen, die sie haben, zu einer spekulativ offenen Erwartung verselbstständigt, die man auch unabhängig vom christlichen Glauben haben kann, auf die ein Christ aber durchaus verzichten kann. Mit den religiös-kulturgeschichtlichen Bedingungen, aus denen der Gedanke der Auferstehung hervorgegangen ist, hat er sich selbst aufgelöst. Geblieben ist ein historischer Fundus von Vorstellungen zur Auferstehung, zu unsterblicher Seele, zu Fortleben nach dem Tod und zu einer zeitlich verstandenen Ewigkeit, aus dem sich jeder unverbindlich bedienen und daraus seine persönlichen Erwartungen befriedigen kann.

8.2.5 Das lautlose Ende der spekulativen Traditionslinie

Die aus der griechischen Philosophie hervorgegangene spekulative Version eines Fortlebens nach dem leiblichen Tod galt eineinhalb Jahrtausende als die plausibelste Deutung der allgemeinen Auferstehung. Der Gedanke einer unsterblichen Seele blieb darüber hinaus auch bei Menschen populär, die sich vom kirchlichen Glauben entfernt hatten. Dieser Gedanke ist religiös neutral und befriedigt die menschliche Sehnsucht nach Fortdauer.

In den Agenden der christlichen Kirchen ist die spekulative Tradition der Auferstehung ungebrochen verankert, obwohl ihr Gehalt von der Mehrheit nicht mehr nachvollzogen werden kann. Das Wort »Auferstehung« steht in liturgischer Erhabenheit da wie ein Ton in einem toten Resonanzraum. Mit den religiös-weltanschaulichen Vorgaben der Antike hat sich auch der realistische Auferstehungsglaube im Sinne einer unsterblichen Seele vom christlichen Glauben abgelöst und zur persönlichen Beliebigkeit verflüchtigt. Das Thema »Auferstehung« wird in den Gemeinden kaum offen zur Sprache gebracht, aber viele Gottesdienstbesucher sprechen die beiden Passagen des Glaubensbekenntnisses, welche die Auferstehung betreffen, nicht mehr mit, nämlich:

> »hinabgestiegen in das Reich des Todes,
> am dritten Tage auferstanden von den Toten,
> aufgefahren in den Himmel:
> er sitzt zur Rechten Gottes, des allmächtigen Vaters,
> von dort wird er kommen,
> zu richten die Lebenden und die Toten«.

Und im dritten Artikel:

> »Auferstehung der Toten
> und das ewige Leben«.

8.3 Erkenntnisse der historischen Wissenschaften

8.3.1 Die Unterscheidung von Gehalt und Ausdrucksform des Glaubens

Die historischen Wissenschaften helfen uns zu verstehen, warum der traditionelle Auferstehungsglaube gleichsam »verdunstet« ist. Dieser Gedanke einer leiblichen Auferstehung wie auch der von der unsterblichen Seele ist in der antiken Welt aus einer Reihe von Vorgaben erwachsen, die wir heute so nicht mehr teilen: dass es einen jenseitigen Gott gibt, der über Leben und Tod entscheidet; dass ein neuer Weltäon anbrechen wird, dass es ein Ende der Zeit gibt und dass an diesem Ende ein Gericht stattfinden wird, vor dem sich alle persönlich verantworten müssen, dass der Messias der Richter in diesem Endgericht sein wird; dass alle Toten spätestens zu diesem Gericht auferstehen müssen.

Jesus und die ersten Christengenerationen brachten ihren Glauben unbefangen im Denkrahmen dieser für sie selbstverständlichen Vorgaben, in deren Bildern und Denkmustern zum Ausdruck. Das geht gar nicht anders und gehört zur Geschichtlichkeit des Menschen. Beides bedeutet zugleich, dass die Nachkommen nicht auf die Ausdrucksformen der biblischen Zeit verpflichtet sind und diese auch nicht zum Inhalt des christlichen Glaubens erheben dürfen. Diese notwendige Trennung von Ausdrucksform und religiöser Aussage praktizieren wir in vielen Feldern längst. Die Schöpfungsgeschichte lesen wir nicht mehr als Naturgeschichte von Welt und Mensch, sondern als den zeitbedingten Ausdruck der Dankbarkeit für das, was uns mit unserer Welt und unserem Leben gegeben und anvertraut ist. Wir reiben uns auch nicht mehr an dem damaligen Weltmodell der drei Stockwerke und daran, dass die Erde als Scheibe verstanden und die Gestirne als Lampen am Himmelsgewölbe gesehen wurden.

In kirchlichen Kreisen der Gegenwart ist man freilich von der Einsicht noch weit entfernt, dass die Lebenswirklichkeit, die das Stichwort »Auferstehung« bezeichnet, mit seiner gegenständlichen antiken Ausdrucksform nicht gleichzusetzen ist. Ein säkularer Denker wie der Philosoph J. Habermas erkennt, dass man die menschliche Dimension dessen, was traditionell unter dem Stichwort »Auferstehung« zur Sprache kam, nicht ignorieren oder streichen kann, weil uns die traditionelle Ausdrucksform nicht mehr plausibel ist. Er registriert, dass die verlorene Hoffnung auf Auferstehung eine »spürbare Leere« hinterlässt (Habermas 24f). Dazu hat R. Bultmann bereits vor zwei Generationen eine deutliche Ansage gemacht, als er mit Blick auf die in den endzeitlichen Vorstellungen enthaltenen Bilder feststellte, dass der »Sinn der mythologischen Hoffnungsbilder der ist, dass sie von der Zukunft Got-

tes reden *als von der Erfüllung des menschlichen Lebens*«
(Bultmann 54,90).

8.3.2 Der Glaube an die unsterbliche Seele hat sich aufgelöst

In der jüdisch-christlichen Philosophie und Theologie hat der
von Platon entwickelte Gedanke von der Unsterblichkeit der
Seele eine lange und verwickelte Geschichte. Sie begann mit
dem jüdischen Philosophen Philon (ca. 20 v. – 50 n. Chr.) und
wurde getragen, ausgebaut und abgewandelt durch die alt-
griechischen Kirchenväter, durch Augustin und die mittelal-
terlichen Theologien, durch den Mystiker J. Böhme, durch
die Aufklärer Christian Wolf und I. Kant und, bereits sehr ver-
fremdet, durch die idealistischen Philosophen Fichte, Schel-
ling und Hegel. Der Philosoph L. Feuerbach († 1872) und der
Theologe D. F. Strauss (†1874) bekämpften die Unsterblich-
keitslehre als den »Inbegriff religiösen Aberglaubens«, und F.
Nietzsche charakterisiert sie als das »bösartigste Attentat auf
die vornehme Menschlichkeit«. Seither »verliert die Gewissheit persönlicher Unsterblichkeit im 20. Jahrhundert weitgehend ihre Plausibilität, die nun vermehrt spiritistisch kom-
pensiert wird, nachdem der Okkultismus des 19. Jahrhunderts Geisterlehre und Reinkarnation verknüpft hatte« (Sparn
01,290). In den zwanziger Jahren des letzten Jahrhunderts
hat die evangelische Theologie den Gedanken einer unsterblichen Seele fallen gelassen. Im Dogma der römisch-katholi-
schen Kirche ist er als Glaubensinhalt fest verankert.

9 Erwägungen zu einem heute angemessenen Reden von Auferstehung

9.1 Die Ausgangslage

9.1.1 Zum gegenwärtigen Weltbewusstsein

Wenn wir vor der Aufgabe stehen, für einen bestimmten Inhalt des christlichen Glaubens eine angemessene Ausdrucksform zu finden, so kann das nicht geschehen, ohne zu klären, wie Zeitgenossen Welt verstehen und zu welchen Vorstellungen sie keinen Zugang mehr haben. Das kann hier nur in einer sehr weitgefassten und pauschalen Weise erfolgen, da der Einzelne in historisch unterschiedlichen Weltverständnissen leben kann und nur wenige einer fest vorgegebenen Norm folgen. Ein Weltverständnis, das alle teilen, gibt es seit der Aufklärung nicht mehr. Im 20. Jahrhundert hat sich unter dem Einfluss der Naturwissenschaften ein allgemeines Verständnis von Welt und Mensch entwickelt, das bei allen bewusst lebenden Zeitgenossen Spuren hinterließ. Ohne dem einzelnen Leser etwas zu unterstellen oder abzusprechen, lässt sich verallgemeinert Folgendes sagen:

- Die raumzeitliche Jenseitsvorstellung, die in Antike und Mittelalter das selbstverständliche Denkmodell war, ist weithin abhandengekommen.
- Ein jenseitiger Gott, der aus dem Jenseits handelnd in das Weltgeschehen eingreift, ist kaum noch vorstellbar.
- Der Gedanke, dass ein als Person vorgestellter Gott in einem Menschen leibliche Gestalt annimmt, kann kaum mehr nachvollzogen werden.
- Die leibliche Wiederbelebung eines Verstorbenen liegt weithin außerhalb des Vorstellbaren.

— Aussagen über das Ziel Gottes mit der Welt oder Ankündigungen eines zukünftigen Äons oder Gottesreiches gelten als Illusion.

Das alles ist nicht zu bewerten, sondern ist als der mehr oder minder gegebene Bewusstseinsstand der gegenwärtigen Mehrheit festzustellen und zu beachten. Denn das Maß für eine verständliche religiöse Aussage kann in unserer Situation nicht der religiös sozialisierte, sondern muss der religiös indifferente oder skeptische Zeitgenosse sein.

9.1.2 Die Aufgabe

Die Aufgabe, vor der christliche Theologie und Verkündigung gleichermaßen stehen, liegt nicht darin, korrektes Glaubenswissen in einer uns überlieferten Form weiterzugeben, sondern eine heute verständliche Sprache für jene Glaubenswirklichkeit zu finden, die sich in den biblischen und historischen Zeugnissen in unterschiedlichen und zeitbedingten Formen niedergeschlagen hat. Es reicht nicht, aus dem Fundus der historischen Zeugnisse einzelne Stichworte aufzunehmen, die jeder in seinem eigenen Sinn füllen kann, oder im Anschluss an Modetrends in religiöser Sprache nur jene Dinge zu sagen, »wonach den Leuten die Ohren jücken« (Luther). Theologie und Verkündigung sind gegenüber beiden Polen jeder sprachlichen Äußerung voll verantwortlich und verpflichtet: in der Sache gegenüber der Botschaft Jesu und in der Form und Verständlichkeit gegenüber den Adressaten, den jeweiligen Zeitgenossen. Angesichts dieser Herausforderung ist danach zu suchen, wie heute jene Glaubenswirklichkeit verständlich und plausibel zur Sprache gebracht werden kann, die in der kirchlichen Tradition in der Vorstellungsform von Auferstehung artikuliert wurde.

9.2 Die Suche nach einer heute verständlichen Ausdrucksform

9.2.1 Ausdrucksformen kommen und gehen

Wir hatten in 8.2.5 bereits festgestellt, dass die spekulative Traditionslinie des Redens von Auferstehung als solcher, sei es die Jesu oder die der Toten, infolge des Bewusstseinswandels in unserer Kultur verloren gegangen ist. Das ist für den christlichen Glauben kein Substanzverlust. Dieser Traditionsstrang gehört zwar zur Dogmengeschichte des Christentums, aber er gehört in der Sache nicht zum Kern des christlichen Glaubens, und zwar weder in seiner apokalyptisch-jüdischen Version (Zwei-Äonen-Modell und zukünftiges Endgericht) noch in seiner platonischen Version (Unsterblichkeit der Seele). Die Botschaft Jesu ist von diesem Verlust inhaltlich nicht betroffen, sondern eher von einem weltanschaulichen Ballast befreit. Der christliche Glaube kann auf linear-zeitliche Jenseitsspekulationen jeder Art verzichten, denn er bezieht sich auf diese unsere Welt und auf unser Leben hier und jetzt.

9.2.2 Die zwei Ebenen der Ostertexte

Die Durchsicht der Ostergeschichten hat ergeben, dass sie nicht als Aussage über Jesu Person zu lesen sind, sondern als bildhafte Erzählungen, in denen Menschen einer Wende in ihrem Leben Ausdruck geben, nämlich von Jesu Geist erfüllt zu sein und sich als seine Botschafter in jener Welt zu verstehen, von der Jesus zu Tode gebracht wurde. In dieser Sicht fließt das, was als Auferstehung Jesu ausgedrückt wird, mit dem zusammen, was Menschen als ihre Wende zu einem neuen Lebensweg verstehen. Die Erscheinungsgeschichten aller Evangelien führen konsequent zum Sendungsauftrag an die Jünger (ausgeführt in 6.2.3). Diese Beobachtung führt uns über die historische Betrachtung des Glaubens hinaus zum

Kern des christlichen Glaubens als einer Lebenswirklichkeit, in der sich ein neuer Sinn- und Lebens-Horizont auftut.

9.2.3 Die neue Schöpfung bei Paulus

Paulus verdeutlichte bereits in seiner ersten Äußerung zum Damaskus-Widerfahrnis, was er unter christlichem Glauben verstand. Er schrieb, dass es Gott gefallen habe, ihm seinen Sohn zu offenbaren, damit er ihn unter den Völkern verkünde (Gal 1,15f). Dabei geht es nicht nur um seine Predigttätigkeit als Missionar. Es geht vielmehr um den Inhalt dieses Verkündens. Und der besteht nicht darin, Lehren über Jesus zu verbreiten, sondern mit der ganzen Person aus Jesu Geist zu leben und zu handeln. Das erklärt er den Korinthern so: »Wenn also jemand in Christus Jesus ist, dann ist das neue Schöpfung; das Alte ist vergangen, siehe, Neues ist geworden« (2Kor 5,17). Das also ist gemeint, wenn er von der Offenbarung spricht, die ihm vor Damaskus widerfahren ist. Hier ist wohl von einem neuen Äon die Rede, aber nicht von einem kosmischen Äon, der für die Zukunft erwartet wird, sondern von einem neuen Äon, der bereits angebrochen ist, d. h. von einer neuen Dimension, die sich im Leben des Paulus mit dem Widerfahrnis von Damaskus bereits aufgetan hat. Verkündigen bedeutet für den Apostel grundsätzlich, als ganzer Mensch aus dem Geist und aus der Kraft des Geistes Jesu zu leben und das zu tun, was daraus folgt. Verkündigen ist keine Spezialtätigkeit eines Predigers, sondern das Leben eines jeden Christen. Wer aus dem Glauben lebt, »der sich durch die Liebe als wirksam erweist« (Gal 5,6), der verkündigt, aber nicht »das Christentum«, sondern die neue menschliche Wirklichkeit, die wir Jesus verdanken.

9.2.4 Das Ewige im Jetzt bei Johannes

Johannes hat die als zeitlich gedachte zukünftige Auferstehungserwartung völlig aufgegeben. Er sieht den neuen Äon, die Auferstehung und das Gericht bereits in der Gegenwart sich vollziehen, nämlich dort, wo sich ein Mensch auf das Leben einlässt, das Jesus selbst gelebt hat und in das er ruft. »Wer mein Wort hört und dem glaubt, der mich gesandt hat, der hat ewiges Leben und kommt nicht ins Gericht, sondern ist (bereits) hinübergegangen aus dem Tod in das Leben« (Joh 5,24). Das Johannesevangelium in seiner ursprünglichen Fassung dokumentiert, dass bereits in biblischer Zeit die linear-futurische Vorstellung von einem neuen Äon, nämlich dem Reich Gottes, der Auferstehung zu einem neuen Leben, dem Wiederkommen Christi und dem Endgericht präsentisch verstanden und auch so formuliert werden konnte. Johannes spekuliert nicht über das Wesen der Welt und deren Zukunft und auch nicht über die Prinzipien des Guten und des Bösen in der Welt. Er redet von den zwei Möglichkeiten, Mensch zu sein, nämlich entweder aus dem Geiste Gottes zu leben oder aus den Gegebenheiten und Zwängen der irdischen Natur. Diesen Dualismus der Entscheidung drückt er sprachlich in Gegensatzpaaren aus als:

entscheiden	für Gott	für die Welt
sein	von oben	von unten
geboren sein	aus dem Geist	aus dem Fleisch
leben	aus Gott	aus dem Teufel
leben	aus der Wahrheit	aus der Lüge
leben	in der Freiheit der Kinder Gottes, frei von den Zwängen der Welt	in der Knechtschaft der Sünde aus den Zwängen der Welt
	auferstanden sein	noch im Tode sein
	das Leben haben	im Tod sein
	lebendig sein	tot sein

Dieser Dualismus der Entscheidung für Heil oder Unheil hat nichts mit dem anthropologischen Dualismus der Antike der Griechen zu tun, der von der Unsterblichkeit der Seele ausgeht. Hier geht es stets um den *ganzen* Menschen. »Ewigkeit« hat bei Johannes nicht den Beiwert der Zukunft als einer zeitlichen Dauer, sondern bezieht sich auf das Woher und auf die Wurzeln, aus denen sich unser Leben speist. Das endzeitliche Geschehen spielt sich für ihn daher auch nicht in heilsgeschichtlichen Ereignissen der Zukunft ab, sondern es geschieht in jeder Gegenwart als verfehltes oder als geheiltes Leben. Was im zeitlich-linearen Denken als Auferstehung, Himmelfahrt, Pfingsten, Wiederkunft Christi und Endgericht zeitlich auseinandergefaltet scheint, fällt für Johannes in der Gegenwart seines Lebens zusammen. Insofern ist für den, der aus der Liebe Gottes lebt, die Zukunft immer schon gegenwärtig.

Der auch als Bibelwissenschaftler ausgewiesene katholische Systematiker G. Hasenhüttl hat für uns heutige Leser hilfreich formuliert, wie die Ostertexte zu lesen sind: »Alle Auferstehungs- und Erscheinungstexte sind Bilder und Metaphern für den Glauben, dass Jesus Christus eine lebendige Wirklichkeit für uns ist und unser Leben neu bestimmt. Die befreiende Lebensmacht, die in der Liebe wirkt, ist am Werk. Auferstehung Jesu ist daher eine Metapher für die Umkehrerfahrung der Jünger« (Hasenhüttl I, 303). Dafür liefert das Damaskus-Widerfahrnis des Paulus das beste Beispiel. Johannes hat diese Sicht der Osterereignisse auf seine Weise für seine Leser bereits voll umgesetzt.

9.3 Impulse für das Auferstehungsverständnis auf der Bewusstseinshöhe der Zeit

9.3.1 Konsequenzen aus der Durchsicht der Auferstehungstexte

Der Blick auf die paulinischen und johanneischen Texte hat Folgendes deutlich gemacht:

1. Von der Auferstehung Jesu und von unserer Auferstehung kann sinnvoll nicht isoliert gesprochen werden, denn es geht in beiden Redeweisen um die eine und gleiche menschliche Lebenswirklichkeit.
2. Über Auferstehung lässt sich nicht aus der Position des distanzierten Betrachters sprechen, sondern nur aus der Sicht dessen, der für die Lebenswirklichkeit offen ist, die in den Bildern, Metaphern und Begriffen der Ostergeschichten zur Sprache kommt.
3. Wir können nicht buchstabengläubig an die Ausdrucksformen der biblischen Ostertexte anknüpfen, weil diese dem Weltverständnis der Alten Welt entsprechen, sondern wir müssen den eigenen Ausdruck wagen. Das Johannesevangelium ermutigt dazu.
4. Es gilt nicht, eine einheitliche neue Sprache im Sinne einer verbindlichen Lehre anzustreben. Die biblischen Texte zeigen uns, dass eine Glaubensgemeinschaft sehr wohl in unterschiedlichen Sprachformen ihrem Glauben Ausdruck geben kann und dies sogar muss. Es ist ihr freilich zugleich aufgegeben, in den unterschiedlichen Weisen des Sagens, die *eine* Botschaft vom Wirklichwerden der Liebe hören zu lernen.
5. Unser Reden von Auferstehung muss sich *inhaltlich* an der biblischen Botschaft orientieren und sie muss in der *Ausdrucksform* – wie schon in der Bibel – dem Weltverständ-

nis und dem Sprachhorizont der jeweiligen Zeitgenossen entsprechen.

9.3.2 Schritte hin zu einer zeitgemäßen Sprache

D. Bonhoeffer hat in seiner nüchternen Wahrnehmung der Realität bereits in den Vierzigerjahren des 20. Jahrhunderts erkannt, dass die kirchliche Verkündigung mit ihrer traditionellen Sprache den Zeitgenossen gar nicht mehr erreichen kann, da diesem die religiösen Voraussetzungen für das Verständnis dieser Sprache fehlen und sein Verständnis von Mensch und Welt zu den biblischen Ausdrucksformen keinen Kontakt mehr hat. So sehr er den von K. Barth eingeleiteten theologischen Aufbruch seit den Zwanzigerjahren begrüßte, so deutlich erkannte er auch, dass diese Richtung des Denkens zu einem Offenbarungspositivismus führte, »der letzten Endes doch im wesentlichen Restauration geblieben ist« (Bonhoeffer 179f). So schreibt er 1944 geradezu beschwörend: »Wir müssen wieder in die freie Luft der geistigen Auseinandersetzung mit der Welt. Wir müssen es auch riskieren, anfechtbare Dinge zu sagen, wenn dadurch nur lebenswichtige Fragen angerührt werden.« (Bonhoeffer 257) Es gilt, von Gotteswirklichkeit in der weltlichen Sprache der Zeit zu sprechen.

Die Impulse dazu kamen stärker von den Bibelwissenschaften als von der systematischen und praktischen Theologie. In der Frage der Auferstehung war es auch hier ein langer Weg, den Inhalt der christlichen Botschaft von ihrer antiken Ausdrucksform in Gestalt der Auferstehung der Person Jesu so klar zu unterscheiden, dass man eine Sprache wagen konnte, die den Zeitgenossen zugänglicher und verständlicher war.

Der Neutestamentler R. Bultmann, der auf diesem Weg große Schritte getan hat, schrieb 1953, die Auferstehung könne nur in der Weise geglaubt werden, dass »der Auferstandene im verkündigten Wort gegenwärtig ist« (Bultmann 53,301). 1965 sagte er direkt, Christus sei »ins Kerygma (in die verkündigte Botschaft) auferstanden« (Bultmann 65,27). In diesen Formulierungen geht es freilich immer noch um die Vorstellung, dass die Person Jesu aufersteht, und zwar in der Art einer Verwandlung in die verkündigte Botschaft. Der Gedanke der Verwandlung Jesu in eine neue Existenzform bleibt also erhalten.

Zu diesem Denkmodell einer Art Transsubstantiation (Verwandlung in eine andere Existenzform) mag der kirchlich Sozialisierte fähig und bereit sein. Der Glaubensskeptiker und Ungläubige wird dem kaum folgen, da die Vorstellung einer Transsubstantiation der Person Jesu in die Existenzform der menschlichen Sprache für den säkularen Zeitgenossen nicht nachvollziehbar ist. Daran ändert sich nichts, wenn E. Fuchs konkreter wird: »Der Gekreuzigte ist ins Wort der Liebe auferstanden« (Fuchs 200).

G. Ebeling hat erkannt, dass es nötig ist, uns von der Person Jesu als Glaubensgegenstand konsequent zu verabschieden. Er weist nachdrücklich darauf hin, »dass nicht der Gläubige, sondern der Ungläubige das Kriterium der Verständlichkeit der Predigt ist, denn das Wort der Verkündigung will Glauben wirken, setzt aber nicht den Glauben als Vorbedingung voraus« (Ebeling 62,120). Dazu führt er aus: »Der christliche Glaube ist offensichtlich von Grund auf falsch verstanden, wenn Jesus Christus als ein *credendum* (Glaubensgegenstand) unter anderen *credenda* (Glaubensgegenständen) erscheint ... vielmehr ist Jesus in dem, was der christliche Glaube von ihm bezeugt, nur recht verstanden, wenn er *nicht Gegenstand, sondern nur Quelle und Grund des Glaubens ist*« (Ebeling 62,203f).

Den in dieser Richtung konsequentesten Schritt in der Frage der Auferstehung hat der Neutestamentler W. Marxsen getan. In einer Heidelberger Gastvorlesung im Jahr 1964 unter dem Thema: »Die Auferstehung Jesu als historisches und als theologisches Problem« verdeutlichte er das Symbol der Auferstehung Jesu mit der Wendung: »Die Sache Jesu geht weiter« (Marxsen 64, 25). Als Exeget brachte er damit zum Ausdruck: »Allen Evangelisten liegt daran, zu zeigen: Das *Wirken* Jesu geht weiter. Es geht trotz seines Kreuzestodes weiter; und es ist immer das Wirken dessen, der vorher auf Erden gewirkt hat« (Marxsen 68, 81). In diese Formulierung ist die Vorstellung, dass Jesus als Person auferstanden ist oder sich in eine andere Existenzform verwandelt hat, nicht mehr enthalten. Aber die Person des Jesus von Nazaret bleibt Ursprung und Quelle dessen, was Menschen zu einem Leben aus der Liebe befreit und so Jesu Seinsweise als menschliche Lebenswirklichkeit lebendig hält. So drückt die Metapher von der Auferstehung Jesu als Bekenntnis die Erfahrung von Menschen aus, dass er nicht im Tod geblieben ist, sondern dass sein Geist als Impuls der Liebe als unsere Lebensmöglichkeit gegenwärtig ist.

9.3.3 Auferstehen als unsere Lebenswirklichkeit

In diesem Verständnis der Ostertexte will uns die Auferstehungsbotschaft nichts über die Person Jesu sagen. Sie zeigt uns vielmehr für unser Leben eine neue Dimension, Mensch zu sein, nämlich nicht mehr den Zwängen unserer Natur folgen zu müssen, sondern aus der Kraft der göttlichen Liebe handeln zu können und von den destruktiven und selbstsüchtigen Neigungen für eine Gemeinschaft der Gleichwertigen frei zu werden. Der Auferstehungsglaube bedeutet in der Sache, sich auf diese in Jesus offenbar gewordene Lebensmöglichkeit einzulassen. Es ist nicht das Zustimmen zu einer Lehre über Jesu Person, sondern das Einstimmen in ein Leben, wie es Jesus von Nazaret auch gegen die religiösen Spielregeln seiner Zeit riskiert hat. Insofern unterscheidet sich der nachösterliche Glaube, verstanden als Lebensweise, nicht von jenem vorösterlichen Glauben, zu dem Jesus von Nazaret rief und einlud. In denen, die ihm darin nachfolgen, lebt die Wirklichkeit weiter, die sein Leben uns offenbar gemacht und eröffnet hat. Was also heißt es, Auferstehung zu glauben? Schlicht gesagt, heißt es, das Leben aus dem Geist Jesu zu wagen! Christlicher Glaube ist nicht der Glaube *an* die Auferstehung der Verstorbenen; es ist vielmehr mein Neu-Erstehen zu einem Leben aus jener Grundhaltung der Liebe, die mit Jesus in unsere Welt gekommen und hier als unsere menschliche Lebensmöglichkeit wirklich geworden ist.

9.4 Aufgaben und Aussichten für eine neue Sprache

9.4.1 Woher kann ein neuer Glaube kommen?

Eine dem Zeitgenossen verständliche Sprache für die Wirklichkeit, die in der Tradition mit »Auferstehung« bezeichnet wird, kann gewiss nicht aus den Sprachmoden der Zeit gewonnen werden. Sie kann nur in einem hörbereiten Studium der neutestamentlichen Texte als ihrer inhaltlichen Basis gefunden werden. Sie wird auch nur von denen erschaffen werden, die in Solidarität mit dem Weltbewusstsein der Zeitgenossen stehen und zugleich für jene Dimension menschlicher Lebenswirklichkeit offen sind, die das zeitgenössische Weltbewusstsein gerade ausklammert.

Die für alle verständliche Sprache ist nicht von einem einzelnen Sprachgenie zu erwarten. Sie setzt vielmehr den Dialog vieler voraus, die bereit sind, ihre überkommene Glaubenssprache an ihrer Lebenswirklichkeit selbstkritisch zu befragen und an der biblischen Botschaft zu überprüfen. Ohne Dialog gibt es keine neue Sprache.

Die dialogische Offenheit für eine allgemein verständliche Sprache des Glaubens könnte sehr wirksam in den liturgischen Elementen des Gottesdienstes signalisiert werden. Wo traditionelle Formen der Gebete, des Zuspruchs, des Segens durch alternative Formulierungen flankiert oder gelegentlich ersetzt werden, da wird ein Dialog in Gang gebracht, der kultivierbar ist und der die Inhalte, um die es in den Formeln geht, unmittelbar ins Gespräch bringt.

9.4.2 Wie kann man heute von Auferstehung reden?

Die aktuellen Umfragen ergeben, dass für die Mehrheit der Zeitgenossen keine der Vorstellungen von einer leiblichen Auferstehung nachvollziehbar ist. Die Durchsicht der biblischen Texte hat gezeigt, dass die leibliche Auferstehung der Person Jesu oder der Toten nicht den inhaltlichen Kern, sondern lediglich eine Anschauungsform der Osterbotschaft bildet. Von Auferstehung ist dort die Rede, wo von der Lebensmöglichkeit und der Lebenswirklichkeit gesprochen wird, die aus dem Geist der Liebe hervorgeht. Diese Lebenswirklichkeit betrifft alle Bereiche, die der Mensch gestaltet: Partnerschaft, Familie und die Nächsten, das soziale, politische, wirtschaftliche und kulturelle Umfeld, die Werte und Ordnungen, die unter uns gelten sollen, das Verhältnis zu anderen Kulturen und Religionen, das Verhältnis zu unseren Mitgeschöpfen und zu der uns anvertrauten Erde. Dabei geht es immer um die Frage, was sich an Perspektiven für diesen Bereich ergibt, wenn sie von Menschen aus dem Geist der Liebe gestaltet werden.

Das Wort »auferstehen« wird dafür in der nächsten Zukunft nicht hilfreich sein, weil es zu sehr auf die leibliche Verwandlung von Personen nach deren Tod fixiert. Gemeint ist hingegen zweierlei: zum einen, das Erstehen zu einem Leben, das zur Liebe befreit ist, und zum anderen das Neue, das in den genannten Bereichen entsteht, wo diese Liebe zum Zuge kommt. Das Wort »Auferstehung« führt heute auch deshalb in die Irre, weil es in ein Jenseits weist, während doch die Botschaft Jesu darin besteht, das neue Sein in dieser Welt wirklich werden und wirken zu lassen.

In diesem Verständnis ist auch die Ewigkeit nicht als die endlose Dauer eines nachbiologischen Lebens gedacht, sondern als das, was hier und jetzt aus dem Geist der Liebe Gottes geschieht, dem Leben dient und eben darin Bestand hat.

Wo die von Jesus verkörperte Liebe geschieht, da geschieht Göttliches als das Vollkommene, als das Lebensdienliche, als das wohl Verletzliche, aber nicht Zerstörbare, als das in aller Vergänglichkeit Bleibende, Gültige, Beglückende, Heilende.

Auf dieses schon gegenwärtige Ewige weisen alle Ich-bin-Worte des Johannesevangeliums hin:

Ich bin das Brot des Lebens (Joh 6,35)
Ich bin das Licht der Welt (Joh 8,12)
Ich bin der gute Hirte (Joh 10,11)
Ich bin die Auferstehung und das Leben (Joh 11,25)
Ich bin der wahre Weinstock (Joh 15,1)
Ich bin das A und das O (Offb 1,8), der Erste und der Letzte (Offb 1,17).

Die Ich-bin-Worte eröffnen das Ewige im Jetzt, das Bleibende im Zeitlichen. In der Liebe, die nicht das Ihre sucht, sondern tun kann, was dem Miteinander von Mensch und Welt gut tut, wird wirklich und gegenwärtig, was wir herkömmlich mit dem Wort »Gott« bezeichnen. Vor bald zwei Jahrtausenden wurde das schon so gesagt: »Gott ist Liebe, und wer in der Liebe bleibt, der bleibt in Gott und Gott bleibt in ihm« (1Joh 4,16). Nichts anderes meint der Apostel Paulus, wenn er schreibt: »Wenn also jemand *in Christus* ist, dann ist das neue Schöpfung, das Alte ist vergangen, siehe, Neues ist geworden« (2Kor 5,17). Das ist präsentische Rede von erfahrener und gelebter Auferstehung.

9.4.3 Eine Drohung erweist sich als Einladung

Was ist nun von jenem Pauluswort in 1Kor 15 zu halten, das den christlichen Glauben unlösbar an die Auferstehung Jesu zu binden scheint? »Ist aber Christus nicht auferweckt worden, so ist unsere Verkündigung leer, leer auch euer Glaube« (1Kor 15,14). Das ist keine dogmatische Erklärung, denn in seinen Briefen reagierte Paulus auf die Anfragen seiner Briefpartner oder auf Probleme in den Gemeinden, mit denen er im Kontakt stand.

In Korinth hatte Paulus wie auch sonst von dem in Jesus gegründeten Glauben in der Anschauungsform der leiblichen Auferstehung gesprochen. Offenbar gab es aber Gemeindeglieder, die seine jüdisch-apokalyptische Voraussetzung einer Auferstehung der Toten nicht teilten. Auf die geht er ein. Aber das ist ein zeitgeschichtlicher Nebenschauplatz, denn hier werden nur Missverständnisse der Korinther geklärt werden. Damit müssen wir uns nicht näher beschäftigen.

Zu Beginn seines Briefes weist der Apostel die Korinther grundsätzlich darauf hin, dass man »für Geistliches geistliche Bilder« (1Kor 2.13) benutzen muss, weil die Sprache der Religion keine Sprache der Fakten, sondern eine Sprache der Bilder, Symbole und Metaphern ist.

Wir können voraussetzen, dass Paulus auch in Korinth von Auferstehung und Auferweckung nicht anders gesprochen hat als sonst, nämlich als Ausdruck für die Erfahrung, dass der Geist Jesu sein Leben in einen neuen Horizont gestellt und ihn mit der Kraft der Liebe erfüllt hat. Wer sich auf dieses Leben aus Jesu Geist nicht einlässt und dieses Erstehen zu einem neuen Dasein in sich nicht zum Zug kommen lässt, der bleibt in seinem alten Wesen gefangen und den Zwängen der menschlichen Selbstsucht und allen ihren Folgen ausgeliefert, wofür in seiner Sprache das Wort »Sünde« steht. Dann gilt: »Ist aber Christus nicht auferweckt worden, dann ist euer Glaube nichtig ...«, dann bedeutet die Zustimmung zur

Lehre von Jesu Auferstehung nichts ... »dann seid ihr noch in euren Sünden« (1Kor 15,17). Ist Jesu Geist nicht in mir lebendig geworden (auferstanden), so ist selbst meine tiefste Überzeugung, dass er als Person auferstanden sei, nichtssagend und ohne Bedeutung. Die kürzeste und punktgenaue Auslegung dieses Paulus-Textes hat uns Angelus Silesius (Johannes Scheffler, 1624–1677) in seinem »Cherubinischen Wandersmann« hinterlassen:

»Ich sag, es hilft dir nicht, dass *Christus* auferstanden,
wo *du* noch liegen bleibst in Sünd und Banden«
(AS Nr. 63).

Noch deutlicher formuliert er das im Blick auf die Geburt Jesu:

»Wird Christus tausendmal *in Bethlehem* geboren
und nicht *in dir*, du bleibst doch ewiglich verloren«
(AS Nr. 61).

Weder Paulus noch Angelus Silesius drohen uns mit diesen Sätzen die Hölle an. Beide laden vielmehr zu dem Wagnis ein, dem Geist Jesu im eigenen Leben Raum zu geben und diesen Geist darin erstehen und wirken (auferstehen) zu lassen.

10 Die Höllenfahrt Jesu

10.1 Frühe Hinweise

10.1.1 Das Alte Testament

Viele Religionen kennen die Vorstellung, dass Götter die Unterwelt aufsuchen. Im sumerischen Mythos muss der Gott Enlil zur Strafe für einige Zeit in die Unterwelt. Die griechische Mythologie erzählt von der Hadesfahrt des Gottmenschen Herakles, der den Hadeswächter Kerberos für einige Zeit in die Oberwelt entführt. Das Alte Testament kennt hingegen keinen Abstieg Gottes in die *scheōl* (Reich der Toten, Unterwelt), weil Jahwe als Gott der Lebenden keine Beziehung zu den Toten hat. Erst als man Gott auch als den Herrn der Unterwelt zu verstehen begann, kam diese Möglichkeit in Sicht.

10.1.2 Das Neue Testament

Im Neuen Testament wird betont, dass Jesus gestorben ist und begraben wurde (1Kor 15,4). Die Bestattung bestätigt, dass der Verstorbene in das Schattenreich des Todes eingegangen ist. In Mt 12,40 finden wir die Bemerkung: »Wie Jona im Bauch des Fisches war, drei Tage und drei Nächte, so wird der Menschensohn im Schoss der Erde sein, drei Tage und drei Nächte.« Lukas lässt Petrus in seiner Pfingstrede auf die Prophezeiung des Patriarchen David hinweisen. Und der »redete vorausschauend von der Auferstehung des Christus, als er sagte, er sei nicht der Unterwelt überlassen worden« (Apg 2,31). In der Apostelgeschichte (also vor 100) wird ein kurzer Aufenthalt Jesu in der *scheōl* erwähnt, aber noch von keiner Aktivität darin berichtet. Im Ersten Petrusbrief aus der Zeit um 100 heißt es bereits: »So ist er auch zu den Geistern im Gefängnis hinabgefahren und hat ihnen die Botschaft verkündigt« (1Petr 3,19). Das ist geschehen, da auch »sie werden Rechenschaft ablegen müssen vor dem, der sich bereithält, die Lebenden und die Toten zu richten« (1Petr 4,6). Jesu Abstieg in die *schel* ist hier in den Gerichtsgedanken des jüdisch-apokalyptischen Modells eingefügt worden. Nach der Offenbarung des Johannes aus dem Ende des 1. Jahrhunderts hört Johannes den Menschensohn sagen: »Ich habe die Schlüssel zum Tod und zur Unterwelt« (Offb 1,18). Damit ist ihm bereits die Vollmacht über den Bereich des Todes zugesprochen.

10.1.3 Die Ostkirche

Die Hinweise in den biblischen Texten führten in der frühen Kirche zu Spekulationen über Sinn und Funktion des Aufenthaltes Jesu in der Unterwelt. Es bildeten sich drei Schwerpunkte der Interpretation heraus. Danach bedeutete Jesu Abstieg in die Unterwelt:

> Er hat die Macht des Hades bezwungen (im Anschluss an Offb 1,18).
> Er hat den Toten die frohe Botschaft verkündigt (im Anschluss an 1Petr 3,19 und 4,6).
> Er hat einige oder gar alle Toten aus der Gefangenschaft befreit (im Anschluss an Mt 27,51–56).

In den Bekenntnisformulierungen der alten Kirche ist Jesu Abstieg in die Hölle (*descendit ad inferna*) erst um 370 belegt. Damit war die tiefste Erniedrigung des Gottessohnes in das menschliche Schicksal gemeint. Die theologische Spekulation ruhte aber nicht. In einer vor 431 verfassten Schrift, die Nikodemus-Evangelium genannt wurde, wird Jesu Abstieg in die Hölle dramatisch geschildert: Es »wurden die ehernen Tore (der Unterwelt) zerschlagen und die eisernen Querbalken zerbrochen und die gefesselten Toten alle von ihren Banden erlöst und wir mit ihnen. Und es zog ein der König der

Herrlichkeit wie ein Mensch und alle dunklen Winkel des Hades wurden licht« (NE XXI, 3). ... Da »streckte der König der Herrlichkeit seine rechte Hand aus, ergriff den Urvater Adam und richtete ihn auf. Dann wandte er sich zu den Übrigen und sprach ... seht, ich wecke euch alle wieder durch das Holz des Kreuzes auf. Darauf ließ er sie alle hinaus« (NE XXIV, 1). In der östlichen Kirche gehört Jesu Höllenfahrt zur zentralen Aussage des Osterfestes. Sie wird auf den Karsamstag datiert. Deshalb klingt in der Liturgie des Karsamstags bereits das Auferstehungsthema an.

10.1.4 Die Westkirche

In der westlichen Christenheit spielte und spielt der Gedanke der Höllenfahrt Jesu zwar eine weitaus geringere Rolle als in der östlichen Kirche, er blieb aber auch hier präsent. Nach geltender römisch-katholischer Lehre stieg Christus als Retter in die Hölle hinab, um »den Seelen, die dort festgehalten wurden, die Frohbotschaft zu verkünden« (KKK 632), »um die Gerechten zu befreien, die vor ihm gelebt haben« (KKK 333) und »um den zu entmachten, der die Gewalt über den Tod hat, nämlich den Teufel« (KKK 635).

Die Reformatoren suchten der realistischen Vorstellung einer Höllenfahrt einen existenziellen Sinn abzugewinnen, und zwar als Sieg über die Sünde. J. Calvin (1509–1564) wollte von einer realistischen Höllenfahrt Christi nach dessen Tod nichts mehr wissen. Die protestantische Theologie der Neuzeit hat die realistische Vorstellung als zeitgebunden aufgegeben. Für A. v. Harnack (1851–1930), den großen liberalen Kirchenhistoriker, war die Rede von der Höllenfahrt Christi im Glaubensbekenntnis nur noch »eine vertrocknete Reliquie«.

Anastasis (Höllenfahrt Christi). Ausschnitt aus einer Ikonenreihe im Katharinenkloster beim Berg Sinai aus der ersten Hälfte des 11. Jahrhunderts (© akg/De Agostini Pict.Lib.)

Anastasis (Höllenfahrt Christi); gemalt von Dionisij, Moskau 1502–1503 (Russisches Museum St. Petersburg)

10.2. Die Darstellung der Höllenfahrt Christi

Die Höllenfahrt Christi gehörte schon früh zu den zentralen Themen des Osterfestes. Jesus wird hier stets in der Herrlichkeit des Christus dargestellt. Schwerpunkt war die Errettung der Voreltern und die Überwindung des Todes durch Christus. In Hymnen, Gebeten und Predigten lag ausführlich formuliert bereits vor, was später in Bildern und Reliefs dargestellt wurde. Wir wissen nicht, wann die ersten Darstellungen auftauchten. Die ersten erhaltenen Dokumente sind zwei Fresken von S. M. Antiqua in Rom aus der Zeit des Papstes Johannes VII. (705–707).

10.2.1 Die Entwicklung in der Ostkirche

Die Höllenfahrt Christi wurde unter der Bezeichnung *anástasis*/Auferstehung zu *dem* Osterbild der orthodoxen Kirche. Es begegnet uns in zwei Grundformen. Die älteste Darstellungsform zeigt, wie sich Christus zu den Voreltern hinabbeugt, um sie aus der Gefangenschaft des Todes zu befreien. Er ergreift das Handgelenk Adams, der vor ihm kniet. Eva erhebt anbetend ihre verhüllten Hände. Christus steht auf dem besiegt darniederliegenden Hades. Dieses Bildmotiv ist dem Kaiserkult entnommen. Christus setzt wie der Kaiser seinen Fuß auf den Nacken des besiegten Feindes. Dieser Bildtyp, der das *Hinabsteigen* zu den Verstorbenen zum Ausdruck bringt, gilt als der »Descensus-Typ«.

Seit dem 9. Jahrhundert entwickelt sich der »Ascensus-Typ«. Er zeigt Christus, der aus der Totenwelt *aufsteigt*. Mit seiner Rechten zieht er Adam nach sich und mit der Linken hält er das Siegeszeichen des Kreuzes. Beide Bildtypen wurden durch eine Reihe von Bildelementen erweitert. Die dunkle Hadeshöhle ist groß und bedrohlich schwarz dargestellt. Verbogene Eisenbeschläge, Klammern und Riegel der befestigten Hölle liegen verstreut umher. Auf den aus den Angeln gehobenen Torflügeln der Hölle, die gekreuzt abgebildet werden, steht der Sieger Christus. In der Todeswelt tauchen die dunklen Schatten des Hades, des Teufels und seiner dämonischen Helfer auf, die von hell gekleideten Engeln in Fesseln gelegt werden. Statt der Dämonengestalten im Hades werden oft nur die ausgerissenen Riegel und Höllentore ins Bild gebracht.

Vom 10. Jahrhundert an setzt sich eine symmetrische Bildgestaltung durch. Die Zahl der zu beiden Seiten dargestellten Personen wird erweitert. Sie ist nicht festgelegt. Zu den vor Jesus gestorbenen gerechten Voreltern wie den Königen David und Salomo, zu Mose, den Propheten und auch zu griechischen Philosophen treten noch hinzu Johannes der Täufer (mit Kreuzstab) und Abel (mit dem Hirtenstab), Enoch, Elija u. a.

Auf den älteren Ikonen zieht Christus nur Adam mit dem rettenden Griff um das Handgelenk aus der Todeswelt. Darin liegt keine Abwertung der Frau, denn in der Linken hält Christus das Kreuz als das Zeichen des Sieges. Adam ist in dieser Darstellung als der Urtypus des Menschen verstanden, durch den Sünde und Tod zu den Menschen gekommen sind. Christus ist Adam gegenüber als jener Urtypus gedacht, der den Tod überwunden und das Leben wiedergebracht hat (vgl. Röm 5,12ff). Er ist auch der Erste, der zu neuem Leben erstanden ist (vgl. 1Kor 15,23).

Im 13. Jahrhundert erscheint eine Komposition, die einen breit ausschreitenden Christus in der Mitte des Bildes darstellt, der mit der Rechten Adam und mit der Linken Eva, die Mutter aller Lebenden, aus dem Todesbereich reißt. Das Kreuz wird in dieser Darstellung als eine eigene Szene der Kreuzanbetung durch die Engel über die Christusgestalt gestellt.

Ein zusätzliches Ausdrucksselement bringt die Aureole in die Anástasis-Ikone. Die Aureole oder Gloriole, in Kreisgestalt oder oval bis mandelförmig als Mandorla ausgebildet,

umgibt die Gestalt Christi und bringt gegenüber der gottes-
fernen Todeswelt die Sphäre des mit Christus gegebenen
Göttlichen zum Ausdruck. In diese Gegenwart Gottes und
damit in das Leben holt Christus Adam und Eva und alle ein,
die bisher im Tode waren. Die Aureole ist auf großen Ikonen
mit helfenden Engeln bevölkert, die rettend in die Todeswelt
hineinwirken. Die Anástasis-Ikone ist innerhalb ihrer Grund-
aussagen stets sehr frei ausgestaltet worden, und zwar auch
in unterschiedlicher Kombination der Typen und Szenen.

10.2.2 Die Entwicklung in der Westkirche

Während in der ostkirchlichen Ikone die theologische Aussage der Höllenfahrt Christi im Zentrum blieb, traten in der
Gestaltung dieses Themas im Westen die dramatischen Er-
zählmomente in den Vordergrund. Christus tritt mit dem Fuß
oder schlägt mit dem Kreuz gegen die Tore der Hölle. Teufel
und nackte Gestalten kommen ihm aus lodernden Flammen
entgegen. Sein Kampf mit dem Teufel um die Beute wird
aufwendig inszeniert. Hölle und Höllenrachen werden phan-
tasievoll geschildert. Dabei gerät das Motiv der Errettung der
gerechten Voreltern aus dem Blick. Das Treiben der Teufel
und wie sie von den Engelmächten gefesselt werden, nimmt
einen breiten Raum ein. An die Höllenfahrt werden neue
Themen angelagert und daraus weitere neue hergeleitet.

Das Osterbild der Westkirche ist im Unterschied zur Ostkirche nicht die Höllenfahrt Christi, sondern die Auferstehung Christi aus dem Grab. Die Osterbilder des Westens zeigen auch Christi Erscheinungen vor den Jüngern und sein
Entschweben in den Himmel, oft begleitet von Engeln.

10.2.3 Auswertung

Die Bildaussage von der Höllenfahrt Christi ist in Ost und
West trotz ihrer Unterschiede auf die christozentrische Redeweise fixiert geblieben. Es geht stets um das Ergehen und um

das Tun der *Person* Jesu. Diese Darstellungen legen auch den Betrachter auf diese Sicht der biblischen Texte fest. Die distanzierte kunstgeschichtliche Betrachtung drängt sich vor die uns betreffende Botschaft und reduziert diese auf ein verfügbares Glaubenswissen über Jesus.

10.3 Die Botschaft der Höllenfahrt Jesu

10.3.1 Mehr als eine Belehrung über Jesus?

Die Lehre von der Höllenfahrt Jesu vermittelt in ihrer sprachlichen Gestalt wie in ihren kunstgeschichtlichen Darstellungen kognitives Heilswissen abstrakter Art. Die christozentrischen Aussagen in heidnischen Ausdrucksformen stellen sich als objektive Aussagen über Jesu Ergehen nach seinem Tod und über sein Heilswirken in dieser Zeit dar. Diese in Antike und Mittelalter übliche Weise, religiöse Inhalte zum Ausdruck zu bringen, ist uns heute fremd und unzugänglich geworden, weil wir die darin enthaltenen Vorgaben des Weltverstehens nicht mehr teilen. Ohne das Einverständnis zu den Vorgaben sind aber die theologischen Aussagen weder plausibel noch nachvollziehbar. Wir haben auch festgestellt, dass die biblische Basis für Faktenaussagen zur Höllenfahrt Jesu bei nahezu null liegt. Dieser Mangel an biblischer Begründung kann auch durch die Formel »hinabgestiegen in das Reich des Todes« im Apostolischen Glaubensbekenntnis nicht behoben werden. Da aber die Vorstellung einer Höllenfahrt Jesu zum historischen Fundus unserer Tradition in Sprache und Bild gehört, ist zu fragen, ob sie auch eine Sinnebene enthält, die unsere Lebenswirklichkeit betrifft.

10.3.2 Hölle und Tod als Metaphern

Das Reich des Todes und das Totsein gelten in der Antike als Metaphern für ein Leben ohne Verbindung zu Gott. In diesem Sinne »tot« kann auch der Mensch schon in diesem Leben sein, selbst wenn er körperlich kerngesund ist. Das ist dort der Fall, wo Menschen nur aus den Impulsen ihrer Natur leben, den Zwängen ihrer Natur verhaftet sind und das Ziel und den Sinn ihres Lebens in der Selbstverwirklichung dessen sehen, was sie in sich angelegt finden. Es sollte nicht bezweifelt werden, dass aus der Selbstverwirklichung der eigenen Natur auch kulturell und ethisch Hohes und Höchstes hervorgehen kann. Ebenso wenig aber darf außer Acht bleiben, dass natürliches Leben vor allem danach strebt, sich selbst und die eigenen Ziele durchzusetzen. Paulus nennt das »im Todesleib sein« (Röm 7,24) und sagt: »Ich bin vom Fleisch (von meiner Natur) bestimmt – und verkauft unter die Sünde« (Röm 7,14). Seine in dieser Sache anstößigste Formulierung lautet: »Alles, was nicht aus Glauben (aus dem Geist Gottes) geschieht, ist Sünde« (Röm 14,23) und das bedeutet »im Tod sein,« »tot sein«, denn »das Sinnen des Fleisches ist Tod« (Röm 8,6).

Wenn im allgemeinen Sprachgebrauch jemand als »tot« bezeichnet wird, so heißt das, er ist geistig und menschlich träge, ohne Interesse und ohne Initiative. Und unter »Sünde« versteht man weithin moralisches Fehlverhalten. Paulus verbindet mit »tot sein« und »in der Sünde sein« keine moralischen Wertungen; er beschreibt damit vielmehr den Zustand des Menschen, der allein aus seiner Natur ohne Verbindung zu Gott lebt. Und sofern wir diesen Impulsen unserer Natur verhaftet bleiben, sind wir alle »im Tod« und »in der Sünde«.

10.3.3 Der Abstieg in die Hölle als Metapher
Nach antiker Vorstellung ist Jesus der Sohn Gottes, der aus dem Himmel in diese von Dämonen und dem Teufel beherrschte Welt herabgekommen ist. Er ist in eine Menschenwelt gekommen, deren Gottesferne und Gottlosigkeit ihn an das Kreuz gebracht hat. Das ist bereits sein Abstieg in eine Etage hin zu Menschen, die ohne Gott aus der Sünde leben

und damit im Tod und in ihrer Hölle eingeschlossen sind. Für jene, die ihn verfolgt, verurteilt, gequält und ans Kreuz genagelt haben, bat er noch als Sterbender: »Vater, vergib ihnen«. Er hat damit bis zum letzten Atemzug die Liebe gelebt, die er mit seinem gesamten Wirken verkündigt hat. Er hat seine Botschaft selbst noch bis zu denen gebracht, die ihn gerade wegen dieser Botschaft aus der Welt schaffen wollten. Konsequenter und tiefer lässt sich nicht in jene Hölle hinabsteigen, in der Menschen ihr Leben zubringen, vielleicht sogar von Zeitgenossen sehr geachtet, mächtig und selbstgewiss. Die Dämonen halten in diesem Denken den Menschen ja nicht erst in der Unterwelt in Finsternis und Gottlosigkeit gefangen, sondern bereits im Hier und Jetzt.

Im antiken Denken gibt es für eine Höllenfahrt Jesu *nach* seinem Tod ein Problem. Diese Aktion ist zeitlich am Karsamstag nur schwer vorstellbar, da Jesus ja erst am dritten Tag auferstehen sollte. Wie aber hätte er als Toter bereits so vollmächtig handeln können? Nach Ostern ist in einem zeitlich-linearen Denken der Abstieg in die Unterwelt erst recht nicht unterzubringen. Sollte also schon in 1Petr 3,19 der Gedanke zum Ausdruck gebracht werden, dass Jesu gelebte Gotteswirklichkeit, wie und wann immer sie verkündet wird, auch nach seinem leiblichen Tod lebendig und gegenwärtig bleibt?

Nehmen wir die christozentrische Redeweise als Metapher und übersetzen wir sie in eine wirkungsbezogene Vorstellungsform, die unser Leben betrifft, so ist ihre Aussage recht klar und einfach: Wo immer die Botschaft von der Liebe den in seinem eigenen Selbst eingeschlossenen Menschen (den nach Augustinus *homo incurvatus in se)* erreicht, da wird das Gefängnis, in dem er lebt, gesprengt, da wird ihm ein weiter Horizont eröffnet, auf neue Weise Mensch zu sein.

10.3.4 Befreiung und Freiwerden als Metaphern

Aus Lebensberichten, Analysen, politischen Ereignissen und Werken der Literatur wissen wir, dass Menschen, die innerhalb der Grenzmauern einer politischen Diktatur oder in Ordnungen einer strengen Gemeinschaft aufgewachsen sind, die Sicherheiten der Gefangenschaft höher schätzen als die Risiken und das Unbekannte der Freiheit. In die Entscheidungssituation zwischen dem Bleiben im Alten und dem Wagnis des noch unbekannten Neuen gerät jeder, der sich der Botschaft und damit der Konfrontation mit der Botschaft der Liebe als einer neuen Lebensmöglichkeit aussetzt und stellt. Dabei geht es ja nicht darum, dem Gedanken zuzustimmen, dass Gott lieb ist. Es geht vielmehr darum, sich auf ein Leben einzulassen, das aus Liebe gespeist wird. Wo das gewagt wird, da werden wir frei von den Fesseln unserer natürlichen Selbstsucht, von unserem Durchsetzungswillen auf Kosten anderer, von Konkurrenzstreben, vom Zwang des Vergleichens, des Abwertens anderer und der Selbsterhöhung. Diese Befreiung aus der Todeswelt als ein Freiwerden *von* den Zwängen unserer Natur ist nur die eine Seite. Das Neue, das sich dort eröffnet, wo die Botschaft der Liebe gewagt wird, liegt in der Freiheit, die wir aus dieser Quelle der Liebe *für* unser Leben gewinnen, nämlich die Freiheit, das zu tun, wozu uns diese Liebe stark macht.

Synoptische Darstellung der angeführten Bibelstellen

Die Grablegung Jesu

Mt 27,57–61	Mk 15,42–47; 16,1
57 Als es aber Abend wurde,	42 Und schon war es Abend geworden – es war nämlich Rüsttag, das ist der Tag vor dem Sabbat –,
kam ein reicher Mann von Arimatäa mit Namen Josef, d	43 da kam Josef von Arimatäa, ein angesehener Ratsherr,
er selbst auch ein Jünger Jesu geworden war.	der selbst auch auf das Reich Gottes wartete, wagte es,
58 Der ging zu Pilatus und bat um den Leichnam Jesu.	ging zu Pilatus hinein und bat um den Leichnam Jesu. 44 Pilatus aber wunderte sich, dass er bereits gestorben sei. Er liess den Hauptmann zu sich rufen und fragte ihn, ob er schon lange tot sei. 45 Und als er es vom Hauptmann erfahren
Da befahl Pilatus, dass er ihm gegeben werde.	hatte, überließ er Josef den Leichnam.
59 Und Josef nahm den Leichnam, wickelte ihn in ein reines Leinentuch	46 Dieser kaufte ein Leinentuch, nahm ihn herab, wickelte ihn in das Tuch

124

50 Und da war ein Mann mit Na-   38 *Josef von Arimatäa,*
men Josef, der aus Arimatäa, einer
jüdischen Stadt, stammte, ein guter
und gerechter Mann, 51 der auf das   der ein Jünger Jesu war – ein
Reich Gottes wartete. Er war ein   heimlicher zwar aus Furcht vor den
Mitglied des Hohen Rats, war aber   Juden –,
mit dessen Beschluss und Vorgehen
nicht einverstanden gewesen.

52 Der ging zu Pilatus und bat um   bat Pilatus, dass er den Leib Jesu
den Leichnam Jesu.   herabnehmen dürfe;

                                       und Pilatus erlaubte es. Also ging
                                       er und nahm seinen Leib herab. 39
                                       Es kam auch Nikodemus, der
                                       früher einmal nachts zu ihm
                                       gekommen war, und brachte eine
                                       Mischung aus Myrrhe und Aloe mit,
                                       etwa hundert Pfund.

53 Und er nahm ihn herab, wickelte   40 Sie nahmen nun den Leib Jesu
ihn in ein Leinentuch   und wickelten ihn zusammen mit

60 und legte ihn in ein neues Grab, das er für sich in den Felsen hatte hauen lassen, wälzte einen grossen Stein vor den Eingang des Grabes und entfernte sich.

61 Es waren dort Maria aus Magdala und die andere Maria; die sassen dem Grab gegenüber.

und legte ihn in ein Grab, das aus einem Felsen gehauen war, und wälzte einen Stein vor den Eingang des Grabes.

47 Maria aus Magdala aber und Maria, die Mutter des Joses sahen, wohin er gelegt worden war.

1 *Als der* Sabbat *vorüber war, kauften Maria aus Magdala und Maria, die Mutter des Jakobus, und Salome wohlriechende Öle, um hinzugehen und ihn zu salben.*

den wohlriechenden Salben in Leinenbinden ein, wie es bei einem jüdischen Begräbnis Sitte ist. 41 Es
war aber an dem Ort, wo er gekreuzigt worden war, ein Garten,
und legte ihn in ein Felsengrab, in　und in dem Garten ein neues Grab,
dem noch nie jemand beigesetzt　in das noch niemand gelegt worden
worden war. 54 Es war Rüsttag,　war. 42 Dort nun legten sie Jesus
und der Sabbat brach an.　hin, weil die Juden Rüsttag hatten
und das Grab in der Nähe lag.

55 Und die Frauen, die mit ihm aus
Galiläa gekommen waren, folgten
ihm. Sie sahen das Grab und sahen,
wie sein Leichnam beigesetzt wurde.
56 Dann kehrten sie heim und
bereiteten wohlriechende Öle und
Salben zu. Und am Sabbat ruhten
sie, wie das Gesetz es vorschreibt

Die Bewachung des Grabs Jesu

Mt 27,62–66

62 Am nächsten Tag nun, dem Tag nach dem Rüsttag, versammelten sich die Hohen Priester und die Pharisäer bei Pilatus 63 und sagten: Herr, wir haben uns erinnert, dass jener Betrüger, als er noch lebte, gesagt hat: Nach drei Tagen werde ich auferweckt. 64 Befiehl also, dass das Grab bewacht werde bis zum dritten Tag, damit nicht seine Jünger kommen und ihn stehlen und dem Volk sagen: Er ist von den Toten auferweckt worden. Der letzte Betrug wäre dann schlimmer als der erste. 65 Da sagte Pilatus zu ihnen: Ihr sollt eine Wache haben! Geht und bewacht es, so gut ihr könnt. 66 Sie gingen, versiegelten den Stein und sicherten das Grab mit einer Wache.

Petrusevangelium 8,28–33

28 Als sich aber die Schriftgelehrten und Pharisäer und Ältesten miteinander versammelten und hörten, dass das ganze Volk murre und sich an die Brust schlage und sage: »Wenn bei seinem Tode diese überaus großen Zeichen geschehen sind, so sehet, wie gerecht er war!«, 29 da fürchteten sie sich und kamen zu Pilatus, baten ihn und sprachen: 30 »Gib uns Soldaten, damit wir sein Grab drei Tage lang bewachen, damit nicht seine Jünger kommen und ihn stehlen und das Volk glaube, er sei von den Toten auferstanden, und uns Böses antue.« 31 Pilatus aber gab ihnen den Hauptmann Petronius mit Soldaten, um das Grab zu bewachen. Und mit diesen kamen Älteste und Schriftgelehrte zum Grabe. 32 Und alle, die dort waren, wälzten zusammen mit dem Hauptmann und den Soldaten einen großen Stein herbei und legten ihn vor den Eingang des Grabes 33 und legten sieben Siegel an, schlugen ein Zelt auf und hielten Wache.

Mt 28,1–10

Mk 16, 1–8

1 Als der Sabbat vorüber war, kauften Maria aus Magdala und Maria, die Mutter des Jakobus, und Salome wohlriechende Öle, um hinzugehen und ihn zu salben.

1 Nach dem Sabbat aber, beim Anbruch des ersten Wochentages, kamen Maria aus Magdala und die andere Maria, um nach dem Grab zu sehen.

2 Und sehr früh am ersten Tag der Woche kommen sie zum Grab, eben als die Sonne aufging.

3 Und sie sagten zueinander: Wer wird uns den Stein vom Eingang des Grabes wegwälzen?

4 Doch wie sie hinschauen, sehen sie, dass der Stein weggewälzt ist. Er war sehr gross.

2 Und siehe da: Es gab ein starkes Erdbeben, denn ein Engel des Herrn stieg vom Himmel herab, kam und wälzte den Stein weg und setzte sich darauf.

5 Und sie gingen in das Grab hinein

und sahen auf der rechten Seite einen jungen Mann sitzen,

3 Seine Erscheinung war wie ein Blitz und sein Gewand weiß wie Schnee. 4 Die Wächter zitterten vor Angst und erstarrten.

der mit einem langen, weißen Gewand bekleidet war; da erschraken sie sehr.

5 Der Engel aber sagte zu den Frauen: Fürchtet euch nicht! Denn ich weiß, ihr sucht Jesus, den Gekreuzigten. 6 Er ist nicht hier, denn er ist

6 Er aber sagt zu ihnen: Erschreckt nicht! Jesus sucht ihr, den Nazarener, den Gekreuzigten. Er ist auferweckt worden, er ist nicht hier.

Lk 24,1–11	Joh 20,1–10
1 Am ersten Tag der Woche aber kamen sie noch im Morgengrauen zum Grab und brachten die wohl-riechenden Öle mit, die sie zuberei-tet hatten.	1 Am ersten Tag der Woche kommt Maria aus Magdala frühmorgens noch in der Dunkelheit zum Grab
2 Da fanden sie den Stein wegge-wälzt vom Grab.	und sieht, dass der Stein vom Grab weggenommen ist.
3 Als sie aber hineingingen, fanden sie den Leichnam des Herrn Jesus nicht. 4 Und es geschah, während sie ratlos dastanden, dass auf einmal zwei Männer in blitzendem Gewand zu ihnen traten.	
5 Voller Furcht neigten sie das Ge-sicht zur Erde, und die Männer sagten zu ihnen: Was sucht ihr den Lebenden bei den Toten?	
6 Er ist nicht hier, er ist auferweckt	

worden, wie er gesagt hat. Kommt,
seht die Stelle, wo er gelegen hat. 7
Und macht euch eilends auf den Weg

Das ist die Stelle, wo sie ihn hingelegt haben. 7 Doch geht,

und sagt seinen Jüngern, dass er von
den Toten auferweckt worden ist;

sagt seinen Jüngern und dem Petrus,

und jetzt geht er euch voraus nach
Galiläa, dort werdet ihr ihn sehen.
Ich habe es euch gesagt.

dass er euch vorausgeht nach Galiläa. Dort werdet ihr ihn sehen, wie
er euch gesagt hat.

8 Und sie gingen eilends weg vom
Grab voller Furcht und mit großer
Freude
und liefen, um es seinen Jüngern zu
berichten.

Das Erscheinen des Auferstandenen
vor den Frauen

8 Da gingen sie hinaus und flohen
weg vom Grab, denn sie waren starr
vor Angst und Entsetzen. Und sie
sagten niemandem etwas, denn sie
fürchteten sich.

worden. Denkt daran, wie er zu
euch gesagt hat, als er noch
in:Galiläa war. 7 Der Menschensohn
muss in die Hände von sündigen
Menschen ausgeliefert und
gekreuzigt werden und am dritten
Tag auferstehen. 8 Da erinnerten sie
sich an seine Worte.

9 Und sie kehrten vom Grab zurück

2 Da eilt sie fort

und berichteten alles den elfen und
allen andern.

und kommt zu Simon Petrus und
zu dem anderen Jünger, den Jesus
lieb hatte, und sagt zu ihnen: Sie
haben den Herrn aus dem Grab genommen, und wir wissen nicht, wo
sie ihn hingelegt haben.

10 Es waren dies Maria aus
Magdala und Johanna und Maria,
die Mutter des Jakobus, und die
anderen Frauen, die mit ihnen
waren. Sie sagten es den Aposteln;
11 denen aber erschienen diese
Worte wie leeres Geschwätz, und sie
glaubten ihnen nicht..

3 Da brachen Petrus und der andere
Jünger auf und gingen zum Grab.

9 Und siehe da: Jesus kam ihnen
entgegen und sprach: Seid gegrüsst!
Sie gingen auf ihn zu, umfassten
seine Füsse und warfen sich vor ihm
nieder. 10 Da sagt Jesus zu ihnen:
Fürchtet euch nicht! Geht und sagt
meinen Brüdern, dass sie nach
Galiläa gehen sollen, dort werden
sie mich sehen

4 Die beiden liefen miteinander;
doch der andere Jünger lief voraus,
war schneller als Petrus und kam
als Erster zum Grab.
Und als er sich vorbeugt, sieht er die
Leinenbinden daliegen; er ging aber
nicht hinein. 6 Nun kommt auch
Simon Petrus, der ihm folgt, und er
ging in das Grab hinein. Er sieht
die Leinenbinden daliegen 7 und das
Schweißtuch, das auf seinem Haupt
gelegen hatte; es lag nicht bei den
Leinenbinden, sondern zusammen-
gerollt an einem Ort für sich. 8 Darauf ging nun auch der andere
Jünger, der als Erster zum Grab
gekommen war, hinein; und er sah,
und darum glaubte er. 9 Denn noch
hatten sie die Schrift, dass er von
den Toten auferstehen müsse, nicht
verstanden. 10 Dann kehrten die
Jünger wieder zu den anderen
zurück.

Das leere Grab

Petrusevangelium 9,35–13, 57 (zu Mt 28, 1–8 par.)

9 35 In der Nacht aber, in welcher der der Herrntag aufleuchtete, als die Soldaten, jede Ablösung zu zweit, Wache standen, erscholl eine laute Stimme im Himmel, 36 und sie sahen die Himmel geöffnet und zwei Männer in einem großen Lichtglanz von dort herniedersteigen und sich dem Grabe nähern. 37 Jener Stein, der vor den Eingang des Grabes gelegt war, geriet von selbst ins Rollen und wich zur Seite, und das Grab öffnete sich, und beide Jünglinge traten ein

10 38 Als nun jene Soldaten dies sahen, weckten sie den Hauptmann und die Ältesten – auch diese waren nämlich bei der Wache zugegen. 39 Und während sie erzählten, was sie gesehen hatten, sehen sie wiederum drei Männer aus dem Grabe herauskommen und die zwei den einen stützen und ein Kreuz ihnen folgen. 40 und das Haupt der zwei bis zum Himmel reichen, dasjenige des von ihnen an der Hand Geführten aber die Himmel überragen. 41 Und sie hörten eine Stimme aus dem Himmel rufen: »Hast du den Entschlafenen gepredigt?«, 42 und es wurde vom Kreuz her die Antwort laut: »Ja.«

11 43 Jene erwogen nun miteinander, hinzugehen und dies dem Pilatus zu melden. 44 Und während sie noch beratschlagten, sieht man wieder, wie die Himmel sich öffnen und ein Mann heruntersteigt und ins Grab hineingeht. 45 Als die Leute um den Hauptmann dies sahen, eilten sie in der Nacht zu Pilatus und verließen das Grab, das sie bewachten, und erzählten alles, was sie gesehen hatten, voller Unruhe und sprachen: »Wahrhaftig, er war Gottes Sohn.« 46 Pilatus antwortete und sprach: »Ich bin rein am Blute des Sohnes Gottes, ihr habt solches beschlossen.« 47 Da traten alle zu ihm, baten und ersuchten ihn dringend, dem Hauptmann und den Soldaten zu befehlen, niemandem zu sagen, was sie gesehen hatten. 48 »Denn es ist besser für uns«, sagten sie, »uns der größten Sünde vor Gott schuldig zu machen, als in die Hände des Judenvolkes zu fallen und gesteinigt zu werden.« 49 Pilatus befahl nun dem Hauptmann und den Soldaten, nichts zu sagen.

12 50 In der Frühe des Herrntages nahm Maria Magdalena, die Jüngerin des Herrn – aus Furcht wegen der Juden, da diese vor Zorn brannten, hatte sie am Grabe des Herrn nicht getan, was die Frauen an den von ihnen geliebten Sterbenden zu tun pflegten –, 51 mit sich ihre Freundinnen und kam zum Grabe. wo er hingelegt worden war. 52 Und sie fürchteten, die Juden würden sie sehen, und sprachen: »Wenn wir auch an jenem Tage, da er gekreuzigt wurde, nicht weinen und klagen konnten, so wollen wir solches wenigstens jetzt an seinem Grabe tun. 53 Wer aber wird uns auch den Stein, der an den Eingang des Grabes gelegt ist, wegwälzen, damit wir hineingelangen, uns neben ihn setzen und tun, was sich gehört? – 54 denn der Stein war groß – und wir fürchten, dass uns jemand sieht. Und wenn wir es nicht können, so wollen wir wenigstens am Eingang niederlegen, was wir zu seinem Gedächtnis mitbringen, wollen weinen und klagen, bis wir wieder heimgehen.«

13 55 Und als sie hingingen, fanden sie das Grab geöffnet. Und sie traten herzu, bückten sich nieder und sahen dort einen Jüngling sitzen mitten im Grabe, anmutig und bekleidet mit einem hell leuchtenden gewande, welcher zu ihnen sprach: 56 »Wozu seid ihr gekommen? Wen sucht ihr? Doch nicht jenen Gekreuzigten? Er ist auferstanden und weggegangen. Wenn ihr aber nicht glaubt, so bückt euch hierher und sehet den Ort, wo er gelegen hat, denn er ist nicht da. Denn er ist auferstanden und dorthin gegangen, von wo er gesandt worden ist.« 57 Da flohen die Frauen voller Entsetzen.

Zitierte Literatur

Hinter den Zitaten wird in (...) deren Herkunft dokumentiert. Bei selbstständigen Texten wird nach dem Verfassernamen nur die Seitenzahl des Werkes genannt. Bei mehreren Werken desselben Verfassers wird der Seitenzahl das Erscheinungsjahr vorangestellt (Marxsen 86,129). Bei mehrbändigen Texten, Lexika und Sammelwerken wird hinter dem Verfassernamen oder dem Kürzel für die Werkreiche die Bandzahl und die Seitenzahl angegeben.

AS – Angelus Silesius, Textauswahl und Kommentar von G. Wehr, Wiesbaden 2011

Berger, K., Geist/Heiliger Geist/Geistesgaben – Neues Testament; in TRE 12 (1984) Sp. 179 - 196

Blumenberg, H., Die Legitimation der Neuzeit, Frankfurt/Main 1966

Böcher, O., Gehenna, Hölle, in EWbNT I, Stuttgart, 2. Aufl. 1992, Sp. 574 – 576

Bonhoeffer, D., Widerstand und Ergebung, München, 8. Aufl. 1958

Bultmann 53, R., Theologie des Neuen Testaments, Tübingen 1953

Bultmann 54, R., Die christliche Hoffnung und das Problem der Entmythologisierung in : R. Bultmann, Glauben und Verstehen, Bd. 3, Tübingen 1954, S. 81 – 90

Bultmann 65, R., Das Verhältnis der urchristlichen Christusbotschaft zum historischen Jesus, Heidelberg 1965

Dux, G., Die Logik der Weltbilder. Sinnstrukturen im Wandel der Geschichte, Frankfurt/Main 1982

Ebeling, G., Wort und Glaube, Tübingen 1962

Fuchs, E., Marburger Hermeneutik, Tübingen 1968

Gantke, W., Weltbild – religionsgeschichtlich; in: TRE 35 (2003), Sp. 562 – 569

Habermas, J., Glauben und Wissen, Frankfurt/Main 2001

Hahn, F., Frühjüdische und urchristliche Apokalyptik, Neukirchen-Vluyn 1998

Harenberg, W., (Hg.), Was glauben die Deutschen? München/Mainz 1968

Hoffmann a, P., Auferstehung der Toten – Neues Testament; in: TRE 4 (1979), Sp. 450–467

Hoffmann b, P., Auferstehung Jesu Christi – Neues Testament; in: TRE 4 (1979), Sp. 478–513

Holsten, W., Monolatrie; in: RGG, 3. Aufl., Bd. 4, Sp. 1106f

Jörns, K.-P., Die neuen Gesichter Gottes – Was die Menschen heute wirklich glauben, München 1997

Keel, O., Jerusalem und der eine Gott – Eine Religionsgeschichte, Göttingen 2011

Kegel, G., Auferstehung Jesu – Auferstehung der Toten, Gütersloh 1970

KKK – Katechismus der Katholischen Kirche, 1993

KKKK Katechismus der Katholischen Kirche – Kompendium, 2005

Lapide, P., Auferstehung – ein jüdisches Glaubenserlebnis, Stuttgart/München 1977

Lohse, E., Umwelt des Neuen Testaments, Göttingen 1994

Lüdemann, G., Die Auferstehung Jesu – Historie, Erfahrung, Theologie, Göttingen 1994

Luther, M., Großer Katechismus 1529; in: Die Bekenntnisschriften der evangelisch-lutherischen Kirche, Göttingen 1952, S. 543–733

Marxsen 64, W., Die Auferstehung Jesu als historisches und als theologisches Problem, Gütersloh 1964

Marxsen 68, W., Die Auferstehung Jesu von Nazareth, Gütersloh 1968

Marxsen o.J., W., Die Sache Jesu geht weiter, Gütersloh o. J.

Marxsen 78, W., Einleitung in das Neue Testament, Gütersloh, 4. Aufl., 1978

Oeming, M., Weltbild – Altes Testament; in: TRE 35 (2003), Sp. 569 – 581

Mildenberger, F., Auferstehung – dogmatisch; in: TRE 4 (1979), Sp. 547–575

NE – Nikodemusevangelium; in: Hennecke/Schneemelcher, Neutestamentliche Apokryphen, Bd. 1 Evangelien, Tübingen, 3. Aufl. 1959, S. 330–358

Rad von, G., Theologie des Alten Testaments, München, Bd. 1, 1957; Bd. 2 1960

Schmidtchen, G., Gottesdienst in einer rationalen Welt, Stuttgart 1973

Scriba, A., Weltbild – Neues Testament; in: TRE 35 (2003), Sp. 581–587

Sparn 01, W, Unsterblichkeit – Neuzeit; in: Historisches Wörterbuch der Philosophie, Darmstadt, Bd. 11, 2001, Sp. 286–294

Sparn 03, W., Weltbild – kirchengeschichtlich; in: TRE 35 (2003), Sp. 387–605

Spong 06, J. S., Warum der alte Glaube neu geboren werden muss, Düsseldorf 2006

Spong 11, J. S., Jenseits von Himmel und Hölle, Ostfildern 2011

Staats a, R., Auferstehung der Toten – Alte Kirche; in: TRE 4 (1979), Sp. 467–477

Staats b, R., Auferstehung Jesu Christi – Alte Kirche; in TRE 4 (1979), Sp. 513–529

Stemberger, G., Auferstehung der Toten – Judentum; in: TRE 4 (1979), Sp. 443–450

Stolz, F., Weltbilder der Religionen. Kultur und Natur. Diesseits und Jenseits. Kontrollierbares und Unkontrollierbares, Zürich 2001

Theissen, G., Das Neue Testament, München 2002

Winzer, F., Auferstehung – praktisch – theologisch; in: TRE 4 (1979), Sp. 529–547

Wissmann, H., Auferstehung der Toten – religionsgeschichtlich; in: TRE 4 (1979), Sp. 442f

Zager, W., Jesus und die frühchristliche Verkündigung, Neukirchen-Vluyn 1999

Zeilinger, F., Der biblische Auferstehungsglaube. Religionsgeschichtliche Entstehung – heilsgeschichtliche Entfaltung, Stuttgart 2008